aber es gab noch einen anderen Fisch

**EDITION MAUERLÄUFER
IM TURM-VERLAG
VINZENZ NAESSL-DOMS**

aber es gab noch einen anderen Fisch

**POESIE UND PROSA
DER MEERSBURGER
AUTORENRUNDE**

HERAUSGEGEBEN VON
HIPPE HABASCH
RENATE IGEL-SCHWEIZER
HANSPETER WIELAND

Esbegabsichaberzude
zeitdasseingebotausgin
gdassallevögelnichtme
hrdünnpfeifendürfenU
nddasstitelnichtnurdie
sbezüglichstrengzupri
fens eien Nebendembe
kannten freiherr ntrafe
auchunserengeliebter
mauerläufer Wirgeder
kenseinerindergleichn
amigenedition Punkt E
inneuertitelmusstehe
Netzewurdenausgewo
fen Einrobinsonwardr
nzweifreitagezweiburg
en Aberesgabnocheine
nanderenfisch Einende
rtrockenenfußesübersw
asserlaufenkann Punk
Lassenwirdassosteh

Was zu erwarten ist

Ein Fisch mit Vergangenheit. Ein grätenfreier erster Vorwortteil. Im zweiten ein Hechtsprung mitten hinein in eine Autorengruppe, die seit vielen Jahren unter wechselnden Namen und Zusammensetzungen das literarische Leben in der Bodenseegegend mitgeprägt hat. Sei es als „VS-Regionalgruppe westlicher Bodensee" oder dann ab den neunziger Jahren als „Meersburger Autorenrunde". So genannt nach ihrem Versammlungsort, der alten Burg über dem See, wo sie seit 1993 in ungebrochener Folge die Gastfreundschaft der Familie Naeßl-Doms genießt.
2001 kam die erste Anthologie „Landmarken – Seezeichen" heraus. Zehn Jahre später nun die zweite. Mit Texten von insgesamt 38 Autoren, die zeigen, dass es immer noch einen anderen Fisch gibt. Einen anderen Blick auf den See, auf das Leben. Eine andere Meinung neben der eigenen. Mit Gänsefüßchen und Vogelbeinen. Mit Gleichberechtigung von alter und neuer Rechtschreibung. Mit Beiträgen, die so angeordnet sind, dass sie etwas frei dem Alphabet folgen. Und Zeichensetzungen, deren Eigenheiten wir so belassen haben, wie die Autoren es gewollt haben.

SULGEN IM HERBST 2011;
DIE HERAUSGEBER

Zufalls-Stichprobe
Meersburger Autorenrunde

In der Meersburger Runde haben wir eingeführt, dass jeder was über sich sagen muss.
Bruno Epple fängt an. Er sagt, er träumt, dass er auf einem Schwan mit sehr breitem Rücken über die Küste von Allensbach fliegt und auch (auf dem Schwan) von der Orgel her durch die Birnaukirche, wo er sich dann am Altar festhält.
Er hat ein Buch veröffentlicht, es heißt „Vor allem der See". Manfred Bosch sagt, er tippt gerade ein handgeschriebenes Manuskript ab, wo ein Berliner auf der Flucht vor den Nazis in London den Hegau beschreibt, 500 Seiten lang, in allen Details, Valeurs, geologischen Tatsachen. Manfred Bosch ist ziemlich begeistert.
Felicitas sitzt daneben und ist eifersüchtig. Sie sagt: Der Hegau ist MEIN Revier. Ich habe auf dem Vulkanpfad auf dem Hohentwiel die prominenteste Blume gefunden, Ysop, berühmter kann man als Blume nicht werden. Über den Hegau will ICH schreiben. Dann denkt sie: mit Toten kann man nicht konkurrieren.
Deshalb sagt sie das alles nicht laut.
Der nächste ist Ossi Burger. Er hat Preise dabei, Ausschreibungen also, und lädt zum Jurieren auf der Fähre ein; da suchen Erwählte die Texte für das Oberschwäbische Literaturforum in Wangen aus, während sie auf der Fähre über den See fahren zwischen Konstanz und Meersburg, immer hin und her, solange, bis die Entscheidungen gefallen sind. Ossi kündigt auch den ersten Abend vom Forum an, wo Maria Beigs Biographie von Peter Blickle und Franz Hoben vorgestellt wird. Er sagt, Maria Beig sähe jetzt mit 90 sehr hübsch aus. Er benutzt das Wort wunderfitzig. In keinem Duden steht, was das ist. Ich finde die Übersetzung aber im Internet.
Eleonore sagt, wie es ist, wenn der stirbt, der einem immer alles aus dem Spiegel ausgeschnitten hat, was einen interes-

siert und mit dem man zusammen im Alter lachend seine Falten zählen wollte.
Monika hat wieder einen Roman veröffentlicht, Leonhards Haus, und polnische Gedichte in polnischen Schulbüchern, die herumgehen und man kommt sich sehr dumm vor beim misslingenden Versuch, sie zu lesen, soweit weg sind die doch gar nicht, die Polen.
Claudia Scherer hat ein Gedicht über ihre Schwester veröffentlicht und die war beleidigt: Sie wollte wenigstens vorher gefragt werden.
Mir schräg gegenüber sitzt Renate Igel-Schweizer. Sie schreibt sehr schöne Gedichte. Aber, sagt sie, als sie an der Reihe ist, veröffentlichen kann sie nur wenige. Es ist merkwürdig. In jedem Supermarkt gibt es zwanzig Wurstsorten, dreißig Joghurtvariationen. Warum kaufen die Menschen nicht unsere viel nahrhafteren Gedichte?
Peter Renz wird Professor.
Katrin wird immer hübscher und hat ein gutes Buch in einem guten Verlag untergebracht. Man könnte auch schreiben, sie hat ein gutes Buch in einem guten Verlag untergebracht und wird immer hübscher. So wird ein Schuh draus. Sie hat mit Peter Salomon gewettet, wie alt ich bin. Um eine Flasche Pikkolo. Die haben Sorgen!
Martin Stockburger ist melancholisch.
Walter Neumann unterstützt Nina und wartet nebenher auf Inspiration.
Nina liest morgen im Burgcafe, jour fixe.
Ein Neuer, Thomas, liest Gedichte über die Schrecken der DDR. Es geht um die Lyrikerinnen im Repressionsstaat.
Sibylle liest ein Schneegedicht.
Die Felicitas sagt immer noch nichts und probiert alle Sorten Rotwein, die von der Burgherren-Familie auf den Tisch gestellt wurden.
Die Burgherrin, Frau Naeßl-Doms, sitzt daneben und bleibt ein bisschen, weil es nett ist, wenn 14 Dichter über ihre Träume reden, kreuz und quer über den Tisch. Sieht auch schön aus, die Dichter beim Picknick.

FELICITAS ANDRESEN

FELICITAS ANDRESEN
Titanias Glück

Sie habe sich beim Türken einen Wecker gekauft. Einen zum Aufziehen. Den höre sie wenigstens, sagt sie.
Das sei ja wie Vogelgezwitscher, diese batteriegetriebenen Wecker. Mit 82 höre man kein Vogelgezwitscher mehr. Zu hohe Frequenzen, oder wie das heiße. Vogelgezwitscher höre sie nur mit dem Hörgerät. Und das pflege sie zum Schlafen abzulegen.
Sie sei demnach pünktlich aufgewacht und pünktlich oben an der Treppe gestanden. Mit Sack und Pack, gestiefelt und gespornt, wie man sage oder früher gesagt habe.
Gefrühstückt habe sie allerdings nicht gehabt - der Kaffee! – und sie hasse es, um Pausen zu bitten.
Die junge Frau sei auch pünktlich gewesen.
Die habe dann auf einem Parkplatz „Tischlein deck dich" gespielt. Richtig mit Tischtuch, Tellern, Tassen und Besteck, Kaffee und Sahne, frischen Brötchen, Butter, Schinken, Käse.
Sie sei darüber ganz gerührt gewesen.
Aber sie habe nur ein halbes Laugenbrötchen gegessen und die andere Hälfte in die Tasche gesteckt. Heimlich. Sie habe die junge Frau ja nicht kränken wollen. Aber sie könne mit vollem Magen nicht so lange sitzen.
Sie seien dann aufgebrochen zu ihrer Reise längs durch Deutschland.
Die junge Frau habe sie auf alles aufmerksam gemacht, auf Wolkenformen, wenn der Himmel sich bedeckte und wenn die Wolkendecke wieder aufriss und die Sonne zum Vorschein kam.
Es sei ihr allerdings auch ohne Hilfe möglich gewesen, dies wahrzunehmen.
Die junge Frau habe sie auch auf die verschiedenen Mittelgebirge hingewiesen, die zu durchqueren waren, den Odenwald, den Taunus, die Rhön, gar den Thüringer Wald und den Harz.
Sie selbst habe insgeheim Zweifel gehegt, ob die letzteren

tatsächlich an dieser Strecke lägen, habe diese Zweifel aber nicht laut werden lassen.
Der Teutoburgerwald. Das Weserbergland.
In Hamburg hätten sie sich verfahren, im Elbtunnel habe die junge Frau beinahe geweint.
Schließlich seien sie nach Niebüll gelangt und von dort nach Klanxbüll. Sie hätten nur einmal gefragt und seien dann vor dem alten Schulhaus gestanden, das hinter dem Deich liege. Und das sei ja das Ziel ihrer Reise gewesen.
Sie seien dort gestanden, vor der alten Schule, und hätten gerufen. Es seien aber zunächst nur ein Schaf und dann ein Esel gekommen. Diese hätten sich aber rasch wieder zurückgezogen.
Sie hätten dann das Gatter geöffnet und seien eingetreten. Sie hätten wieder gerufen.
Dann sei ein krummes Hexlein aus dem Haus gekommen. Sie habe eine Weile gebraucht, um mit diesem krummen Hexlein ihre hübsche Schwägerin in Verbindung zu bringen, die in Berlin die Männer verrückt gemacht habe. Die auch, als sie im Krieg vor den Bomben hierher aufs Land geflohen war, niemals ungeschminkt auch nur zum Schafe melken gegangen sei.
Nun sei sie selbst ja inzwischen auch nicht mehr die Schönste.
Damals allerdings, sogar noch bei ihrem zweiten Karriere-Anlauf nach dem Krieg am Staatstheater, habe jeder Mann, buchstäblich jeder Mann außer den Schwulen, sie aufs Kreuz, besser aufs Sofa oder gar auf die Bretter legen wollen, auf jene Bretter, von denen man so überheblich sage, dass sie die Welt bedeuteten. So hübsch sei sie gewesen. Ihr seien, nebenbei gesagt, die Bretter in diesem Zusammenhang nur sehr hart und unangenehm vorgekommen, aber eine Kündigung habe sie auch nicht riskieren können. Und so habe man eben, zumindest was die Vorgesetzten anging, ertragen, was zu ertragen war. Spaß, das müsse sie allerdings sagen, Spaß habe der Vorgang ihr damals nicht und dann auch später nie gemacht.
Wie auch immer: angesichts ihrer verhexten Schwägerin sei ihr die Vergänglichkeit der weiblichen Schönheit, der

Schönheit, die ja zwar auch ihre hässliche Seite gehabt habe, doch sehr schmerzhaft zu Bewusstsein gekommen.
Diese, die Schwägerin, habe nun eine Begrüßung gemurmelt und sei voran ins Haus gegangen, in die ehemalige Schule, in der sie jetzt lebe.
Überfallartig sei Gestank auf sie eingedrungen.
Die junge Frau sei zum Auto zurückgeeilt, habe das Gepäck geholt und abgestellt. Sie habe sich verabschiedet, der Auto-Zug nach Sylt in Niebüll warte nicht.
Sie selbst habe ihr Gepäck auf ein Zeichen der Schwägerin die Treppe hinauf getragen.
Sie habe die Rotweinflaschen und den Whisky ausgepackt und Whisky in ein Zahnputzglas geschüttet und getrunken. Davon sei sie heiter geworden und wieder hinabgegangen. Sie habe der Schwägerin einen Rosenstrauß geschenkt. Die Schwägerin heiße Maria. Von den ehemals zahlreichen Hunden Marias sei nur noch einer am Leben gewesen und der habe einen Bandscheibenschaden gehabt, so dass er außerstande gewesen sei, die Treppe nach oben zu erklimmen. Das sei ihr aber recht gewesen. Oben habe es nämlich nicht so gestunken. Unten allerdings wohl.
Unten habe es gestunken, und es sei nicht aufgeräumt gewesen. Und das seit Wochen nicht. Die Fenster habe man nicht öffnen können, sie seien zugenagelt gewesen. Wegen der Winde hier im Koog, die ungebrochen vom Meer her wehten über die flache Marsch. Die Marsch, das sei ja bekanntlich dem Meer ab gewonnenes Land und demnach so eben wie mit der Wasserwaage gemessen. Oder sage man da „gewogen"? fragt sie.
Wie auch immer, sie habe stattdessen die Haustür geöffnet und all die Tage offengelassen. Es sei ja schließlich Sommer gewesen. Zwei Vögel habe es noch gegeben, zerzaust, als habe sie der Wind vor sich her getrieben.
Mäuse müsse es gegeben haben, denn der Mausdreckgeruch habe dominiert.
Sie habe sich zu der Schwägerin gesetzt und versucht, einen Kontakt herzustellen. Das sei nicht ganz einfach gewesen. Aber einen Anfang habe sie gemacht.
Später habe sie sich gefragt, ob es wohl etwas zu essen gäbe.

Sie sei dann nach oben gegangen und habe das halbe Laugenbrötchen von heute Morgen mit Genuss verzehrt, dazu habe sie einen weiteren Becher Whisky getrunken.

Die Schwägerin nutze ein ehemaliges Klassenzimmer als Schlafzimmer und das Bett sei mit schwarzer Bettwäsche bezogen gewesen, was gut gewesen sei in Anbetracht der Umstände.

Sie hätten dann auch gemeinsam für sie (den Gast) Bettwäsche gefunden.

Sehr spät am Abend habe die Schwägerin etwas von Platten gemurmelt. Sie habe zunächst vermutet, dass es sich um Schallplatten handele. Aber es habe sich herausgestellt, dass die Rede von Platten mit belegten Broten war, die die Schwägerin hatte kommen lassen. Sie hätten dann zusammen die vier Kühlschränke im Haus besichtigt und schließlich die Platten gefunden.

Die Platten seien appetitlich gewesen. Sie habe jetzt nach jeder Mahlzeit die Klarsichtfolie wieder sorgsam über die Brote gezogen und so hätten sie alle die vier Tage etwas zu essen gehabt. Sie habe die etwas vertrockneten Brotrinden dem Esel verfüttert. Sie wisse über die Essgewohnheiten der Esel nur von Heu und Disteln und auch das nur aus der Literatur. Der Esel habe aber die Brotrinden gerne genommen.

Sie habe dann den Wein und den Whisky zur Verfügung gestellt.

Maria habe aber am liebsten Bier getrunken und davon sei auch genügend da gewesen.

Morgens hätten sie sich Nescafé gemacht, nachdem sie einen halbwegs benutzbaren Topf gefunden habe. So sei die Grundversorgung gewährleistet gewesen.

An den Gestank habe sie sich nach und nach gewöhnt.

Sie habe immer wieder ein kleines bisschen aufgeräumt.

Nach und nach seien kleine Inseln der Ordnung und der Gemütlichkeit entstanden.

Sie sei in den wilden Garten gegangen, wo rote Geranien in zerbrochenen Kästen wucherten. Werkzeug sei herumgelegen, als habe Maria irgendwann den Kampf aufgegeben, Nägel, Hammer, Kombizange. Aber sie habe in dem

Garten Stachelbeeren und Johannisbeeren, schwarze, rote, weiße, zupfen können.
Das Schaf und der Esel hätten sie dabei stumm beobachtet.
Maria und sie seien auch nach und nach immer mehr ins Gespräch gekommen und hätten sogar gemeinsam den Friedhof besucht.
Sie beide würden dereinst oder, besser gesagt, demnächst, die letzten sein, die unter dem Familiengrabstein zu liegen kämen.
Schließlich sei der letzte Abend gekommen.
Sie habe eine weitere Flasche Rotwein geöffnet und sie habe sich mit Maria zusammen auf den Tisch im Schlafzimmer gesetzt, da die Stühle mit Gebrauchsgegenständen belegt gewesen seien.
Maria sei eingefallen, wie sie immer ihren Ex-Ehemann namens Bob, Schauspieler damals am Stadttheater Freiburg, dessen Rollen abgehört habe, vorzüglich den Oberon aus dem Sommernachtstraum. Sie habe zitiert:
Schlimm treffen wir bei Mondenlicht, du stolze Titania!
Und sie selbst, die überall die Titania gespielt habe, die schon den Spitznamen „Bundes-Titania" bekommen habe, die immer als Titania in Krankheitsfällen habe einspringen müssen oder bei den damals entstehenden Fest - und Freilichtspielen als solche gastiert habe, die auch, als bald nach dem Krieg der Sommernachtstraum im Radio produziert wurde, die Titania gesprochen habe, life natürlich damals noch, sie habe geantwortet:
Wie? Oberon ist hier, der Eifersüchtige? Elfen, schlüpft von hinnen, denn ich verschwor sein Bett und sein Gespräch.
Sie habe einen ausgemusterten Wolkenstore gefunden und sich in diesen gehüllt und sei dann um den Tisch herum davon geeilt.
Maria habe den Chapeau-claque des gemeinsamen Schwiegervaters genommen und aufgesetzt und sei ihr gefolgt, so gut sie es vermocht habe.
Sie sei dann stehen geblieben, habe sich umgedreht und gefaucht:
Und nie trafen wir auf Hügeln noch im Tal, in Wald noch

Wiese uns an, dass dein Gezänk uns nicht die Lust verdarb.
Und Maria/Oberon habe gar nicht mehr gemurmelt, sondern laut und klangvoll gerufen:
So hilf dem ab! Es liegt an dir! Warum kränkt ihren Oberon Titania?
Und sie selbst habe den Wolkenstore um sich gerafft und sei weiter um den Tisch gelaufen und habe gerufen: Ihr Elfen, fort mit mir: denn Zank erhebt sich, weil ich länger hier.
Nach und nach sei ihnen immer mehr Text eingefallen und wenn sie nicht mehr weiter gewusst hätten, hätten sie wieder von vorne angefangen.
Schließlich seien sie beide kichernd auf das schwarzbezogene Bett gefallen.
Es sei ihr dann die Kombizange in den Sinn gekommen. Sie habe sie gefunden und die Nägel aus dem Fenster gezogen.
Sie habe das Fenster geöffnet. Sogleich habe der Esel den Kopf durch das Fenster des ebenerdigen Klassenzimmers gesteckt. Sie habe dann mit der Kombizange alle Nägel aus den Fenstern herausgezogen und alle Fenster weit geöffnet. Der Wind sei nun hereingeweht. Nicht dieser Wind vom Meer, der die Schulkinder mitsamt dem Ranzen vom Deich blasen könne, nein, es sei wirklich ein Sommerwind gewesen und er habe nach den Kamtschatka-Rosen gerochen, die den Garten umgaben. Sie sei hinaus und um das Haus herum gegangen. Der Esel habe sich an der Hauswand den Rücken gerieben.
Sie habe nicht mehr sehr gut aufrecht stehen können.
Der Esel habe sich hingelegt. Sie habe neben dem Esel Platz genommen. Sie habe in die Geranienkisten gegriffen und einiges von dem Geranke dem Esel um den Hals gelegt. Der Esel habe sogleich an den Geranien zu knabbern begonnen. Der Esel habe sehr große Ohren gehabt. Er könne, wie sie nun gesehen habe, die Ohren gegenläufig bewegen. Er könne, so habe sie vermutet, mit Hilfe der Ohren große Kreis-Segmente von Fliegen freihalten. In den Ohren habe der Esel sehr weiche Haare. Überhaupt

fühle sich der Esel weich und warm an. Sie habe sich an den Esel geschmiegt.
Es sei ihr etwas eingefallen. Es sei ihr die Stelle im Sommernachtstraum eingefallen, wo Titania den in einen Esel verwandelten Zettel im Arm hält, und sie habe in die Nacht hinaus gerufen:
Schlaf du. Dich soll indes mein Arm umwinden.
So lind umflicht mit süßen Blütenranken
Das Geißblatt; so umringelt, weiblich zart
Das Efeu seines Ulmbaums raue Finger.-
Wie ich dich liebe! Wie ich dich vergöttre!
Sie habe den Esel fest umarmt und sich an ihn gedrückt.
Sie habe das, was man den Höhepunkt nenne, bis dahin ja nur vom Hörensagen gekannt. Es gäbe aber Dinge, die erkenne man, auch wenn sie einem bis dahin unbekannt gewesen seien. Das könne man auch Offenbarung nennen.
Da nun, geschmiegt an den verklärten Esel, sei es, man könne das glauben oder auch nicht, ihr gekommen, mit großer Wucht und so eindrucksvoll und unvergleichlich, wie man es ihr immer beschrieben habe und wie sie es natürlich auch ahnungsweise gewusst hatte. Endlich, hallelujah und deo gratias, mit 82 Jahren habe sie das also auch kennen gelernt und das sei die Wahrheit, die reine ungeschminkte Wahrheit.
Maria/Oberon habe am Fenster gestanden mit ihrem Chapeau-claque und ihrer Flasche Beck's in der Hand und habe spöttisch gelächelt.
Für sie, Titania, sei aber gewissermaßen ein Sommernachtstraum in Erfüllung gegangen.

PETER BLICKLE
Die Katze und die Jungfrau

Ihm ging die Katze nicht mehr aus dem Sinn. Er konnte machen, was er wollte. Es war verrückt. Immer wieder stand sie vor ihm, drückte den Rücken an seine Waden, strich an seinem Schienbein vorbei und blickte ihn aus ihren Augenschlitzen so tief von unten herauf an, daß es sich um Vertrauen handeln mußte. Sie vertraute ihm, vertraute seinen Augen, seiner Hand, seiner Stimme. „Was erzählst du da?" flüsterte er, denn die anderen durften es nicht hören. Er selbst durfte es nicht hören – dieses Gefühl in der hellen Stube des Mannes, der auf dem Sofa saß, atmete und redete. Nein, er habe sie nicht gerufen. Eine Nachbarin sei's gewesen. Nein, er wolle nicht mit. Nein, ihm gehe es schon wieder besser. Nein, das brauche es alles nicht. Und der Schnurri? „Nach dem schaut bestimmt die Nachbarin. Das macht die doch gern." „Habt ihr eine Ahnung, was das für eine ist." „Oder die Vermieterin?" „Die wohnt über hundert Kilometer weit weg."

Schwarz war sie. Das Fell glänzte in der Mittagssonne – mit lila Funken im Schwarz. Und die Augen waren gelb, gelb wie Schwefel, gelb wie der Verfluchtnochmal. Und aus diesen Augen heraus blickte sie ihn an, von unten herauf. „Bist du am Schluß noch ein Viecherliebhaber?" Der Freitag Franz war schlecht rasiert wie immer. Aber das spielte keine Rolle. Auch der kam mit seinem ewigen Brüllen – er konnte nicht anders – nicht an gegen diese Katze, gegen das Schnurren, gegen das Fell, gegen die Wärme, die ihm samt Junihitze am Schienbein klebte. Und doch ging alles weiter, als sei nichts geschehen. Das Fahren, das Signal, der Berufsverkehr ging weiter, die vor ihnen nach rechts und links auseinanderspritzenden Autos. Die Bundesstraße. Der Asphalt. Der auf sie zueilende Mittelstreifen. Die Geranien auf den Fenstersimsen. Es ging weiter. Egal, ob die Hitze wie ein Stein im Tal lag. Egal, was der Mann auf ihrer Trage sagte.

„Ohne Notarzt – gleich bei deinem ersten Mal. Da wird dir 'was gelernt", brüllte der Freitag Franz. Der war ein

Allgäubauer, dem das alles nichts ausmachte.

„Meine Frau, da ist sie gut", brüllte der Freitag Franz zu ihm herüber. „Die weiß, was in der Zeitung steht und ist informiert. Meine Schwägerin dagegen liest nie keine Zeitung. Dafür kann die dir Fragen stellen, da lupft dir's die Fußnägel."

Von der Kleinstadt am Talende in die Kreisstadt am Talausgang fuhren sie. Er spürte das Ticken über sich. Er spürte das zuckende Licht, spürte das Wackeln des Atemgeräts an der Fahrzeugwand, spürte die blauen Blitze in den Autofenstern, an denen sie vorbeifuhren, spürte den Schatten ihres Fahrzeugs. Rechts und links standen Mercedes und BMW, sogar ein Porsche stand da. Das tat gut. Und bei Rot über die Ampel. Der Fluß wurde breiter.

„In den ersten zwei Jahren", brüllte der Freitag Franz, „mußt du jedesmal ein Strichlein aufs Leintuch machen. Danach machst du jedesmal ein Strichlein weg. Und du wirst sehen, du kriegst nie alle Strichlein weg."

„Willst du ein Mädchen, läßt du die Socken an. Willst du einen Buben, ziehst du sie aus." „Der Mann oder die Frau?" „Besser wär's, du." Beim Freitag Franz waren es so drei Buben und zwei Mädchen geworden.

„Fünf Kind. Mein Ältester soll Maurer werden, der zweite Metzger. Jetzt in den Ferien hat der schon einmal beim Metzger geschafft, und sich gleich am ersten Tag den Daumengipfel abgeschnitten." Der Freitag Franz brüllte und lachte und schlug sich auf den Oberschenkel. „Gleich am ersten Tag!"

Es war heiß. Und doch war's kühler Schweiß, der an der Stirn des Mannes klebte. „Nein, ich will nicht mit." Er war blaß. Die Wände des Fahrzeugs drängten alles zusammen, machten das Leben klein. Von der Ablage blickten Gong und Hör zu herüber – volle Lippen auf den Titelseiten. Und dazu diese Augen – diese großen Frauenaugen.

„Haben Sie Angehörige?" „Nein, die Mutter ist vor fünf Jahren gestorben. Seither wohne ich allein." „Und wenn's nichts ist", brüllte der Freitag Franz, „dann sind Sie in ein paar Stunden wieder daheim."

Immer wieder zuckte dem kleinen Mann das Gesicht

zusammen – zuerst die Oberlippe samt Stirn und Nacken. Dann zuckte, verzögert, die Schulter. „Und meine Schnurri?"

Die Ärzte warteten. „Gleich auf Intensiv. Gleich auf Ihrer Trage reinschieben, wenn's geht."

Vorbei an OP I, OP II, OP III, vorbei an den grifflosen Schiebetüren schoben sie den kleinen Mann. Da wurde er blau. Er atmete nicht mehr; und sie hielten an. Die Ärzte, der Freitag Franz, die Schwestern – alle holten im gleichen Augenblick Luft. Es war still. Dann brüllte der Freitag Franz: „Jetzt schieben wir ihn gerade noch vollends auf Intensiv!" Dort grüßten sie ihn. Sie kannten ihn noch. Vinzenzia fehlte immer noch das vordere Stück ihres Ringfingers. „Supra", sagte sie. Und: „Noch eine zweite." Er wußte, wo holen. Aber Julia war schneller. Er schaute ihren Händen zu, die alles konnten: sägen, Ampulle aufknacken, Spritze einstechen. Ein Gerät pfiff schrill. Irgendwo. Vinzenzia riß dem kleinen Mann das Sommerhemd auf. Knöpfe tanzten auf dem Boden. „Vorsicht!"

Der kleine Körper zuckte, anders als vorher, härter, alles zuckte auf einmal. Dann war es wieder still. Es roch nach Desinfektionsmittel, nach Salmiak, nach Schweiß und Chanel. Chanel – das war Julia. Vinzenzia trug ein anderes Parfum. Und dann hüpfte auf einmal der grüne Punkt auf dem Bildschirm wieder. „Hundertdreißig", sagte jemand. „Glück gehabt!" brüllte der Freitag Franz.

Der kleine Mann auf der Trage schlug die Augen auf. Er sah aus wie vorher – die Stirn, die Augen, der Schweiß. Er wußte nicht, wo er eben gewesen war. Sein Gesicht zuckte – dann die Schulter. „Glück gehabt!" brüllte der Freitag Franz. „Das hätte auch schief gehen können!"

Sie verabschiedeten sich und schoben die Trage zurück zum Fahrzeug. „Bist du am Schluß noch ein Viecherliebhaber?" Wie nah alles beieinander lag: das Blaulichtticken, die Stille, das Atmen, die Sonne, das Brüllen, der Chanel-Geruch – und immer wieder diese Bernsteinaugen, die ihn von weit unten herauf anschauten. Weinen durfte er auf keinen Fall. Nichts stand fester als das. „Fuchs und Has müssen wir sein", brüllte der Freitag Franz, „wenn der Notarzt gerade einmal unabkömmlich ist. Aufpassen wie die Jungfrau beim ersten Mal. Sonst gibt's was." „Und die Katze?" Schlecht rasiert war der Freitag Franz. Aber das spielte keine Rolle. Wenn der kleine Mann in sechs Wochen nach Krankenhaus und Reha nach Hause käme, was würde er da vorfinden?

„Heim in den Stall", brüllte der Freitag Franz. „Da muß ich jetzt noch eine Extraniete in die Fahrzeugwand machen. Das ewige Gewackel da hinten läßt mir keine Ruhe."

MANFRED BOSCH
Vier Kurzgedichte

Ob mein Leben
Platz haben wird

in der Zeit
die mir
gegeben ist?

Über dem Lautsprecher
auf dem Bahnsteig
nistet ein Vogel

Bitte auf die
Durchsagen achten!

Die Grille zirpt drauflos
Bäume malen
Schatten ein Vogel
singt vom Blatt

Die Natur
macht mal wieder
mächtig in Kultur

Dies Gedicht
ist eine Bank

„Gestiftet von M. B."

Komm und
ruh Dich aus!

OSWALD BURGER

Warum ich mich mit Regionalgeschichte beschäftigt habe? Ich vermute, dass das ziemlich generationsspezifisch ist.

Ich war von Mitte der siebziger Jahre an Berufsschullehrer in Überlingen. Meine geistigen Interessen erschöpften sich nicht in der Vermittlung trivialer Lerninhalte, die ich meinen Schülern vermitteln musste. Also suchte ich mir von vornherein Themen, die meinen Interessen entsprachen und die noch nicht bearbeitet worden waren. Ich brauchte dafür keine besondere Fahne und kein neues Paradigma („Regionalgeschichte", „Oral History", „Graswurzelbewegung" o.ä.), sondern ich ging sehr praktisch vor. Bei der Frage, was die Arbeiterbewegung hier in der Region für eine Bedeutung hatte, stieß ich schnell auf Johann Georg Dikreiter, Hermann Grießer und Otto Marquard, auf die Widerständler und Fluchthelfer aus der Region. Bei der Frage danach, wie das Dritte Reich möglich wurde, interessierten mich die Vorgänge in meiner eigenen Stadt und in der engeren Region. Und bei der Frage, was für ein Zivilisationsbruch das Dritte Reich war, lag ein Paradigma direkt vor meiner Tür: der Goldbacher Stollen, der mit der Kriegspolitik der Nazis, deren Folgen und Konsequenzen für viele Menschen zu tun hatte.

Stets gab es direkte Anknüpfungspunkte und konkrete Begegnungen: ich fand Kinder und Enkel der Akteure, ich erhielt oder fand schriftliche Hinterlassenschaften, ich reiste durch Europa auf der Suche nach Zeitzeugen, sei es in der Ukraine, in Polen, in Österreich, in Frankreich, Italien oder Griechenland, in Slowenien, Kroatien oder Serbien. Überall taten sich neue Welten auf, alles verknüpfte sich miteinander. Oft ergaben sich in den Gesprächen mit

Zeitzeugen neue Sichtweisen auf die europäische Geschichte. Ich sah plötzlich die Kehrseite dessen, was ich in Schule und Universität nur aus deutscher Sicht behandelt hatte. Und es ergaben sich neue menschliche Beziehungen. Am eindrucksvollsten war dies in Slowenien, wo ich in den ehemaligen KZ-Häftlingen aus Überlingen Mitglieder der Partisanengruppen fand und mir zu Freunden machen konnte, gegen die mein Vater in der Waffen-SS-Einheit „Prinz Eugen" gekämpft hatte. Dass meine intensive Beschäftigung mit dem Dritten Reich mit der Verstrickung meines Vaters in dessen Geschichte zu tun hat, ist freilich nur die halbe Wahrheit. Ich forschte nicht nur gegen seine Interessen, sondern auch im Einklang mit ihm. Denn er war sich bewusst, dass er an einem verbrecherischen Vorhaben beteiligt war und dass dies die Folge haben würde, dass er seine Heimat verlieren würde. Die k.u.k.-Utopie friedlichen Zusammenlebens von einem Dutzend Völkern mit vielen verschiedenen Religionen in einem Land, die auch noch den ersten Staat Jugoslawien prägte, wurde durch die Nazis zerstört. Mein Vater Josef Burger war 1930/31 Soldat des Königreichs Jugoslawien, zusammen mit orthodoxen Serben, katholischen Kroaten, muslimischen Bosniaken, deutschsprachigen Juden usw. In der Waffen-SS standen schließlich gottlose Deutsche gegen alle anderen.

Meine Schüler interessiert meine regionalgeschichtliche Kompetenz nur zum Teil. Zwar gab es immer wieder ganz eifrige, die mir weiter halfen oder meine Themen in Referaten oder Ausarbeitungen vertieften, dafür konnte ich eine gewisse Öffentlichkeit mit meinem Aufklärungseifer faszinieren. Meine Vorträge, Aufsätze und Bücher, vor allem aber meine Führungen durch den Goldbacher Stollen und die Stadt Überlingen fanden viel Anklang.

Irgendwann fiel mir auf, dass es in der Region eine jüdische Geschichte gab. Die mittelalterliche Geschichte der Juden war zwar im 19. Jahrhundert weitgehend erforscht worden. Es galt aber alle Relikte zu sichern und für die heutigen Leser zu präsentieren. Und dann erwies sich, dass sich seit der Judenemanzipation im Großherzogtum Baden wieder einige Personen und Familien jüdischer Herkunft in Über-

lingen niedergelassen hatten. Dem Schicksal dieser wenigen, aber interessanten Personen gehe ich seit Jahren nach. Zusammen mit Hansjörg Straub schrieb ich ein Buch über die Familie Levinger, dann trug ich alles zusammen, was man über die Familie Levi noch erfahren kann. Fast immer erwies sich, dass die Details systematisch verdrängt oder vergessen worden waren. Oft waren die Erzählungen der Klassenkameradinnen jüdischer Mitschülerinnen Anlass dafür, über deren Schicksal nachzuforschen. Die Frauen waren die Trägerinnen der Erinnerung, und Beziehungen zwischen Frauen überdauerten die vorwiegend von Männern zu verantwortende Vernichtung und Verdrängung.
Im Falle von Levingers waren es diese selbst, die dafür sorgten, dass jemand nach ihrem Tod ihre Hinterlassenschaften im Stadtarchiv aufspürt. Bei Levis war es schon schwieriger, die verschütteten Spuren aufzufinden. Ob es mir noch gelingt, Lebensspuren der Klugers aufzuspüren, weiß ich noch nicht.
Neben viel Lob für meine Aufarbeitung jüdischer Spuren erfahre ich auch Vorbehalte dagegen von alten (rechten) und neuen (vorwiegend linken und grünen) Antisemiten.
Wie es denn überhaupt viel Kritik an meinen historischen Bemühungen gibt. Die erste betrifft Mängel und Lücken und Irrtümer. Gerade in der Geschichtsschreibung sind diese nicht zu vermeiden. Glücklicherweise konnte ich meine Irrtümer bei meinen Vorträgen, Führungen und Neuauflagen meiner Publikationen korrigieren. Die bisher erschienenen neun Auflagen des Stollenbüchleins haben jedes Mal Irrtümer früherer Auflagen korrigiert.
Schwieriger umzugehen ist mit Vorwürfen grundsätzlicher Art, das sind zum einen Einwände gegen mein zu eifriges Aufdecken von Skandalen, von Verdrängtem, von heilsam Vergessenem: ich habe verschüttete Gräben wieder aufgerissen oder das über einer Geschichte gewachsene Gras wieder abgemäht. Diese Vorwürfe muss ich ertragen.
Schwerwiegender ist der Vorwurf, ich instrumentalisiere die Geschichte bloß für politische Zwecke, es gehe mir darum, aktuelle politische Entscheidungen mit historischen Argumenten zu begründen, oder gar darum, Wahlkampf

mit publizistischem Tamtam auf historischem Felde zu betreiben. Selbstverständlich haben meine historischen und kommunalpolitischen Interessen miteinander zu tun. Und meine Bekanntheit als Historiker mag für meine Erfolge bei Kommunalwahlen ausschlaggebender sein als meine politischen Stellungnahmen. Aber eine direkte Begründung politischer Entscheidungen aus historischen Erkenntnissen wäre stets unhistorisch (nach dem dummen Argument, dass die Toten von Auschwitz die Verteidigung des Westens am Hindukusch rechtfertigen oder dass der Schwur von Buchenwald – Nie wieder Krieg! – dagegen spreche). Daher stören mich die tagespolitischen Bekenntnisse bei Gedenkfeiern auf dem KZ-Friedhof Birnau nach dem Muster, dass die dort Begrabenen dafür gestorben seien, dass die Bundeswehr aus Afghanistan abziehen solle.

Inzwischen entwickelt sich in mir selbst ein Überdruss gegen meine alten Themen und vor allem gegen die ständige Wiederholung meiner alten Führungen und Vorträge. Ich kann diese nur ertragen, indem ich auf jede Gruppe speziell eingehe oder indem ich mich mehr auf die Wirkung als auf die Inhalte konzentriere.

Die neuen Themen, denen ich nachgehe, sind weniger politisch im oberflächlichen und trivialen Sinne: ich erforsche tragische Unglücks- oder schöne Glücksfälle, Morde und Totschläge aus Liebe, Affären und Liebesgeschichten. Es überwiegen Fälle, bei denen es um Liebe oder Tod geht.

Es gibt noch viele reale Geschehnisse zu erforschen. Nur sehr selten erfand ich auch Geschichten. Am eindrucksvollsten erwies sich die Kraft der Fiktion für mich in der von mir erfundenen Geschichte des „Engels vom Ostbahnhof". Ich erfand eine rührselige Geschichte von einem italienischen Gastarbeiter, der diesen Engel beim Bau der Eisenbahnanlagen hinterlassen habe. Heute wird mir diese erfundene Geschichte immer wieder als tatsächliches Geschehen erzählt.

Die Vielfalt der Themen, Herangehensweisen, Publikations- und Präsentationsformen empfand ich dabei stets als wohltuend. Bisher konnte ich mir nicht vorstellen, diese Einzelforschungen zusammenzufassen oder zu systematisieren.

Eine Geschichte Überlingens über verschiedene Zeitepochen hinweg, zum Beispiel anlässlich des 1250jährigen Stadtjubiläums 2020 könnte reizvoll erscheinen. Aber will ich mich wirklich mit den Verästelungen konfessioneller Probleme oder mit der mittelalterlichen Zunftordnung, mit den militärischen Engagements und den staatsrechtlichen Problemen Überlingens befassen? Eigentlich sollte dies, fünfzig Jahre nach der letzten Stadtgeschichte, jemand tun. Wo sind die Geschichtslehrer, Archivare und Historiker, die das könnten?

Oder eine übergreifende Geschichte des Dritten Reiches in der ganzen Region, nachdem gute Ortsstudien andernorts erschienen sind, von Charlie Schweizer in Lindau, von Arnulf Moser in Konstanz, von Peter Eitel in Ravensburg, von Edwin Weber in Sigmaringen usw.- das Thema hat zu viel Lebenskraft von mir aufgesaugt, seine Relevanz für meine eigene Identität hat abgenommen, die Wichtigkeit für das politisch-historische Selbstverständnis der Gesellschaft wird mit Fortdauer der Nachkriegsgesellschaft abnehmen.

Die Nachkriegszeit ist meine Lebenszeit. Nachdem ich sie gelebt habe, könnte sie selbst zu einem neuen Thema historischer Beschäftigung werden.

Mal sehen.

VOLKER DEMUTH
Lapidarium

I

Das Kerbtal wie es seine Schäferhundschnauze in
 einen grellen Osten stößt. Verfallene Gerüche. Ein
durchgefrorener Morgen mit dieser Seladonglasur, rissig,
 eine Schale der Koryozeit. Das Licht behält seine Elastizität,
auch wenn es die Jalousien zerschneiden, wie der Großvater
 einst weiße Rettiche schnitt. So kann das Reich der
Mitte öffnen. Nachdem unsere Umarmungen, die neuen
 Abschnitte der Vergänglichkeit Partei ergriffen
hatten, chorisch verengt. Sätze wie ein Glasdach
 über uns im aufreibenden Glanz, dessen stellare
Verhörlampe langsam vor unser Gesicht gedreht wird. Seit
 Tagesanbruch ging es um nichts als Fels und Wasser.
Die Statuen, Gewänderfalten, steinernen Kaskaden.

All jene Dinge und ihren jeweiligen Hinterhalt. Als wäre
 für einen Moment allein der Augenschlitz der Wildenten
als Blick anwesend, befremdlich wie die unverbrauchten
 Münzen aus Ländern, in die wir nie mehr zurückkehren werden.
So gleicht die Gegenwart am Fluss einem arabischen
 Gedicht, das auf seinem Weg in dieses Alphabet sich glättet,
in Reihe stellt und wie ein Spion die Seite wechselt.

II

Du stehst bis zum Haar deines Geschlechts im Wasser,
 biegsam, eine Nayika, während sich deine Hände unter
die Oberfläche einer Gedankenverlorenheit ducken. Jetzt,
 in diesem rundum brennenden August, kämpft sogar die Sonne,
ein Bettwäschenknopf, sich durch ein schmales Loch.
Das Gleisdreieck so brüchig an seiner Hypotenuse wie
dieser Fächer Fahlheit, der die Haut um Millimeter erhöht.
Aber unter dem, was wie verhärteter Staub aussieht, lauern
Vorstellungen von einer Universität der Luft. Selbst die Atemzüge
schnippen dort. Ein Gebiet, zerrieben. Teile von Rätseln.

Die Hänge lösen sich von den Treidelleinen des Regens.
 Sanftmütig zieht die Prognose ihre Lippen mit Stacheldraht
nach. Der schimmernde Wille von Kampfflugzeugen stochert,
 ein Wanderstock voller Plaketten, im Tag. Nur dass es
eine Form seltsamer Ausgewogenheit abgibt, bleibt verstörend
 und buchhalterisch und unnachsichtig zugleich. Kein Wind.
Die Schatten verlötet. Allein die Ufersteine setzen sich
 von ihren Rändern ab, wenn auch nur in kurzer Klarheit.
Und nun müsste endlich der Gegenschnitt erfolgen, auf
 dich, dein hergewendetes Gesicht, falls es nicht heißt,
den eingefädelten Raum zu verlassen, in dem das Rasseln
 eines Zugs die Landschaft an die Nacht kettet. Nur das. Wie
Köderfische, Haken im Rücken, die Unruhe nach oben leiten.

III

Zuvor gibt es Gewitterwolken, beinahe violett, geschürzt
   zu Wolfszitzen zwischen Hügelbändern. Gerade noch maß
sich hinterm Staketenzaun ein wippender Tag mit diesem
   Wespenleib. Und jeder einzelne Stein war das Denkmal eines
Vergleichs. Jetzt zieht es sich über die magischen Bewegungen hin,
   mit denen umbrische Frauen damals ihre Bleche aufhoben, von
der Wiese eilten. Ihre zu einem Kummer glattgestrichenen Kleider.
   Mehr eine Schwelle, die unsere Rückkehr einbehält. Zu leuchten
und erscheinen zu lassen. Felsnadeln stichelnd gegen die
   plötzlichen Wirbel am Himmel. Und wie mit talkumblauen
Queuespitzen letzte Strahlen dazu in Brachenfilz stoßen! Nicht
   entgehen lassen sich das später die erzählerischen Kader,
mehr und mehr Schwere postierend in den cäsarischen Säulen,
   den dochtdunklen Zypressen. Hier, unter seinesgleichen,
spiegelt die gottgleiche Hand, in Porphyr gewachsen wie
   Zellkulturen, dieser starre Blick auf Mückenheere ein Imperium,
lagernd unter einem Kubikmeter fleischfressenden Raums.
   Die Wände haben Farben und Bilder abgestoßen wie Boote
vom Ufer. Keine Mission, kein Coup, kein schwerfälliger Segen.

Und beim Wort Jahrhundert strauchelt etwas übers Gitterwerk,
   bleibt hängen zwischen Stein und Stein, jenem Hier
und seinem Namen. Schließlich müssten wir ein paar
   Schritte gehen, heraus aus diesem tosenden Mangel. Dann
sieht man sie noch einmal, Taumel, Chronik aus Draht, Blitze.
   Ja, ein Denkmal, um das man sich kümmert, das man stürzt.

IV

Die Fische tauchen wie Trinkgeld auf. Die Kiesel im
  Mahlwerk ihrer selbst, der Fluss, der seine Durchsichtigkeit
flößt. Kupferne Scheiben schimmernd zwischen den
  Härchen deines Unterarms. Eigentlich wäre eine solche
Präzision, in Motive und Kalk gebannt, leicht zu ertragen,
  aber man sollte ihnen nicht zu nahe kommen. Kaum
legt sich ein Ereignis krumm, rastet die Vorsehung
  ins nächste Gebrüll. Manchmal sehe ich sie durchs Fernrohr
eines Hohlknochens, eine nachsynchronisierte Szene, mit der
  sich das Vergessen davonmacht. Ein Klimpern hinter sich.

Diese ganzen Tage ergeben ein Fischgrätenmuster und eine
  Ballistik aus Schlaflosigkeit. Seit der Lehmschrift, ziegelhart
gebrannt, ergreift einen Fetzen Welt, wer sich verschulden
  kann. Vergleichbar durchstreifen die Rudel unserer
Billigungen das feierliche Kollegium aus Häusern und
  Liebesbeweisen, beobachtend wie sie in ihren Verzweigungen
untergehen. Das hier ist so weit entfernt wie von jeder
  anderen milden Gegenwart, seit sie nach den Ochsenköpfen
Homers zählte, dem Tausch auf einer skalierten Zeit:
  die Dunkelheit darin ein Pförtner zur Unterwelt der Erdbienen.

V

Ein leicht verblüffter Außenposten, ein Platz mit einer
Mauer. Einfache Sitzgelegenheiten. In Marschordnung
folgt eine Dämmerung der anderen, soldatenmantelgrau,
 aufgestellter Kragen. Schwer und glänzend gibt sich die
Trockenheit, ein Bronzeguss ihrer selbst. Eine Art
 rebellischen Gewichts. Mit geringer Verzögerung folgt
ihm auch die spöttische Krypta unserer Silhouetten,
 lehnt sich auf ein Etwas-Später, einen Vorsprung, die
Stuhllehne, um über die knarrenden Dörfer zu blicken.

Fern die Hügel, Bänderkeramik aus Straßen darauf.
 Weshalb sollten sie sich entgegenkommend zeigen, bleiben
sie doch in ihrem Wechsel, ihren Übergängen Teil der
 minoischen Ornamente aus Gedanken. Dieses gleichmäßigen
Geräuschs von Historie ungefähr in der Mitte des
 Kontinents, der auf alten Karten Zepter und Krone trägt.
Dazu ein niedriger Tisch, seine Platte aus poliertem
 Granit wartet mit der Spiegelung jeder Stunde auf.
Erschöpfte Flüchtlinge mit ihren Siebensachen schleifen
 die Sträucher verdorrte Beeren im Staub. Bleich, der
Fingernagel eines Ertrunkenen, kratzt Wind an der Mauer.

VI

Der späte, der betäubende Raum. Mit dem Rotieren des
Alls das Brennholz zunehmend, abnehmend. Im Blick die
Schienen, eine Abszisse, darüber die flache Kurve dieses
Herbsts. Weiter oben da ist die Spannung des Wäscheseils,
die Fruchtwaage, Instrumente längst von ihrem Gebrauch
im Stich gelassen. Zwischen Weltalter geklemmt eine
rostige Blechdose mit Käferpulver. Aus dieser Perspektive
sieht man auch dem eigenen Schatten inständiger zu,
ein Sadhu, hockend in einer Gartenecke, die Hände zum
Gefäß geschlossen für Böen und erleuchtete Niederlagen.
Ein Krebs, den Rücken voll Schlick, setzt die Erinnerung
schräg einen Fuß hinter den anderen. Sein spezieller
Winkel entspricht der Neigung seiner Beute, die schmalsten
Hohlräume ins Visier zu nehmen. Doch von Stein zu Sein
verläuft keine Linie, nichts und niemand kommt dazwischen.
Und die Zeit vermehrt sich ohne die Ordnung der Flüsse.

Oder was gliche jetzt jenem namenlosen Schrecken,
der in den Schlaf der Katze fährt? Ohne aufzuwachen, doch
zitternd. Kein Federn beim Blick aufs Große, die Salzglasur
deiner Haut, dieses kreolische Licht im Zimmer. Hell
zerspringen die Quader im Frost wie Weingläser aneinander
schlagen in dem Schimmern, das, ein Kindermobile, über uns
in der Luft tanzt. Was aber ist es anderes als ein stummer
Überläufer mit Widmungen aus Liebe? Und umgeben Vögel
ihr unfehlbares Fahrtenschreiberherz mit demselben Flirren?

VII

Nach der Schmelze ziehen die Steine dem Fluss hinterher
 wie Schafe. Die Hänge liquide, das ganze Land ein Wasserläufer.
 Und nach der höheren Auflösung aller Dinge sind nun auch solche
 Sätze Spezialeinheiten für Sauerdorntitel und Verstaatlichung in
 jeder Form. Was Härte bedeutet, kahles Gehölz, ein Krähennest
 darin, von letztem Schnee bebrütet. Verspätungen, die
 zu nichts führen, zumal unsere Telefone sich sämtliche
 Verbindungen gemerkt haben. Die Tage, dürre Rippen eines
 von Schuhstößen verscheuchten Straßenköters, stehen einzeln heraus.
 Soweit Verwandlung reicht, die die Konturen nach oben besetzt hält.

Gut ist, zurückzukommen, in dein Gesicht zu sehn, während
 Nebel das Gelände nach Universalien sortiert. Plötzlich unter der
 Brücke hervorschießend das weiße Signal einer Wasseramsel.

BRUNO EPPLE
Gedichte

Ein Bild malen braucht seine Zeit
doch beim Malen ist sie mir

in den Farben ertrunken
hat sich verflüchtigt in einen Baum
ins Spiel seiner Äste
in einen Himmel darin ein Vogel
im Flug erstarrt ist

wie alles Gemalte
dasteht bleibt im Stillstand

darüber vergeht mir der Tag
und die Nacht verschlafe ich
bedenkenlos träumend
bis ich mich wieder beim Malen finde
unbekümmert um Zeit –

die weiß ich gut aufgehoben
im Bild

Es blühen die Blumen mir in die Augen,
sie strahlen mich an,
blühfreudig
entfalten sie sich in Unschuld.

Mich muß es beschämen, ich kann
ihnen nicht gleich tun,
nichtssagend
bin ich für sie, nicht ihnen gewachsen,

doch göttlich angeduftet
von ihrer Schönheit.

Wie beherzt mutet mich an
das Kind,
springt jedem Tag neu in die Arme
und fragt ihn neugierig aus,

spielt sich ins Leben,
von fernher Großes ihm ahnt,

aber die Himbeeren
rot vom Strauch –
noch schmecken sie ihm süß
wie nichts auf der Welt.

Der Seiltänzer

Was muss er mühsam die eigene Schwere
bezwungen haben dass er
auf seinem Seil dahinschweben kann
gleich einer Flocke

So möchte ich so
unbedenklich im Spiel und heiter
dichten können von Wort zu Wort
hoch über dem Abgrund.

Der Winter kommt zu sich:
es schneit
in Keuschheit verwandelnd das Land.

Mit erfrischten Augen
sehe ich neu
auf dem Weiß zart hingezeichnet
Baum bei Baum mit verzücktem Geäst.

Den Weg hin folge ich
denen die mir voran sind –
meine Tritte in ihrer Spur.

Aufflattern Krähen
und suchen das Weite.

Mein Ohr ist voll der Stille,
ich fühle mich frei.

Eigensinnig hinein ins
Unbetretene
stapfe ich weiter und weiter

einig mit mir.

ZSUZSANNA GAHSE
Notiz über die Donau

1.
Immerhin, wollte ich schreiben, nur hat
das Wort eine Silbe zu viel, daher
schrieb ich statt immerhin *aber*, aber
da hat sich der Sinn verschoben, so dass
ich nun zurücksteuern muss, um das zu
sagen, was ich ursprünglich wollte. Zehn
Silben pro Zeile muss es geben, zehn
solche Zeilen sind ein Donauquadrat,
mit zweitausendsiebenhundert Silben
bin ich diesem Plan gefolgt, nur lief ich

2.
zwischendurch ständig gegen zu lange
oder zu kurze Wörter an, die ich
auswechseln musste, musste Wörter und
Sätze verändern, dann nochmals ändern,
und dabei war mir, als säße ich in
einem Motorboot, mit dem ich, falls es
vorwärts nicht weiterging, rückwärts fahren
musste, ich steuerte mit meinem Boot
durch Sanddünen und Klippen, stoppte bei
jedem hinderlichen Stein, schaltete

3.
den Rückwärtsgang ein, aber immerhin(!)
besaß ich ein Motorboot, mit dem ich
ungeschoren durch die Wortklippen kam.
Bei beinah jeder Fahrt gingen Wörter
verloren, ich hab sie abgeladen,
konnte sie nicht durch die Fahrrinnen schleusen. Daher
treten in den zweitausendsiebenhundert Silben meiner Donaugeschichten einige Bezeichnungen, die geplant waren,
gar nicht an, zum Beispiel die Fahrrinne, die Bugwelle oder
das wichtige Kehrwasser.

Manchmal kam ich zügig voran, dann prallte ich unerwartet auf, wie bei einer Gokart-Fahrt (das ist hier ein zweiter Vergleich), und wie bei einer Gokart-Fahrt war der abrupte Stopp teils lustig, beinahe zum Lachen, teils auch entnervend.

Wahrscheinlich werde ich mit den Quadraten und Würfeln fortfahren, um das gesamte Wassernetz der Kontinente hervorzuheben. Zunächst ginge es dabei um Europa und da vor allem um die Ruhe nördlich der Donau, um die abgetragene Gebirgsruhe. Zwischen den alten, flachen Bergbuckeln und Berglandschaften müsste ich den Rhein skizzieren und die Weser mit ihren Nebenflüssen, die Elbe mit sämtlichen Nebenflüssen, die Oder, die Dwina, die Wolga. Später käme die schöne Lena hinzu, sobald ich den Sprung über Europa hinaus schaffe, dann der Nil und irgendwann der Mississippi. Aber vorerst – schätzungsweise hundertzwanzigtausend Silben lang – wäre von den europäischen Flüssen die Rede. Vom Dnjepr und den Kranichen in seinem unteren Verlauf, von den Alpenflüssen, die in Richtung Süden führen, ein anderes Mal dann von dem opak grünen Rhein, den ich bei Konstanz gesehen habe, und überhaupt würde ich gern eine ganze Weile über Flussfarben reden, über diese Farben aus nächster Nähe und aus unterschiedlichen Entfernungen. Das wäre Flussmalerei, ich würde gerne Flussmalerei betreiben, bis zur Schmerzensgrenze, endlos. (Bei diesen Farben wären unweigerlich die Spuren von Dieselöl zu sehen und neben anderen Giftspuren nun auch jener Ölteppich, der sich gerade in den Mississippi schiebt, und vorgesehen hatte ich für die schon fertigen Donauwürfel einen Blick auf Kraftwerke, Stromschnellen und Kläranlagen, aber diese Sehenswürdigkeiten liegen nun still in einer Mappe – und genau genommen kann man angesichts des Ölteppichs kein richtiges Wort mehr sagen).

Und weitere Notizen:

Die Flussrobbenfrauen, die in den bisherigen Donauwürfeln auftauchen, werden immer runder, glatter, sie haben Mandelaugen oder Nussaugen, und Flusspferde (richtige Pferde) gibt es auch. Wichtig sind außerdem die Kavernen unmittelbar unterhalb oder am Grund der Donau, die durch urzeitliche Meere entstanden sind.

Bei den Kavernen nähern sich die Fische jeder zugänglichen Kuhle, stechen den Kopf in das Erdreich, wackeln mit dem gesamten Leib, sind kurz vor dem Erkennen und verdummen, weil sie nichts Genaues sehen.

Große Schulung im Strom. Das Wissen hat Oberwasser.

Das Wasser schlechthin, durchsichtig in einer Wanne, in einem Kochtopf, trüb und abgestanden in einer fremden Küche, jemand hat hineingespuckt.

Die Donau hat ihre drei riesigen Seitenarme, den Inn, die Save und die Theiß und endlos viele Nebenarme, die armen Arme.

Die Drau habe ich nie gesehen. Ich, sage ich betont, um meinen Vater zu ärgern (er kann das viele Ich nicht leiden), aber er lacht. Die Drau ist wohl vielfach gewunden, sagt er, darum heißt sie so.

Der Schluckauf ist jeweils ein kleiner Elektroschock im Hirn. (Das habe ich mir notiert, und nach wie vor weiß ich nicht, wie das mit dem Wasser oder mit der Donau zusammenhängen soll, meine aber nach wie vor, dass der Satz hierher gehört.)

Dann kroch neben mir ein Wappentier hervor, eine Schildlaus, genau wie die Wappen vieler Ortschaften, grün und blau (die Wappen werden den Käferläusen nachgebildet), und ich schlug auf das Tier zu, bis das Schild zerfallen war, weil ich von Käfern so gut wie nichts weiß.

OLIVER GASSNER
die sichtbaren dinge
aus einem zyklus

die sichtbaren dinge 6

mit einem messer
möchte ich
die luft schneiden

den weg öffnen in einen
anderen raum

wo alle bewegung eine farbe ist

das wort ein stein

und materie
ein lied

***

die sichtbaren dinge 5

schicht um schicht
schabe ich
von meiner haut

schneide haare
und bart

von der eingeschläferten katze
bleiben
die haarstaubflusen
unter dem
bauernschrank

die sichtbaren dinge 12

im paternoster
gibt es kein halten

das bein
steigt nach unten ein
und tritt
auf die steigende stufe

im paternoster
wird es nie dunkel

***

die sichtbaren dinge 10

für reinhard döhl

da vorn
ein spiegelquader

mir entgegen
die frau

verweinte asien-augen
zucken
als werde sie
verfolgt

feuerwehr
polizeistaffel
und über dem park
rauchgeruch

es hat
geregnet

JOCHEN GREVEN
Warum Sie dies nicht lesen sollten

Ein Buch sei etwas wie ein Grab, hat ein Autor, mit dem ich ziemlich viel zu tun hatte in meinem Leben, einmal in einem Brief geschrieben. Mein Bücherregal – ein Friedhof also, Ihres auch. Dass man es nicht lassen kann, die Gräber immer wieder zu besuchen, ist wie die Sache mit dem Rauchen, bei anderen die mit dem Alkohol oder den Süßigkeiten.

Trotzdem möchte ich seit Tagen wieder einmal etwas erzählen, schriftlich. Ich stelle es mir gedruckt vor, als Beitrag zu einem Buch, einer Anthologie. Also einer Art Gruppengrab. Wie soll ich anfangen? GIM heißt er. Eines Morgens ...

- Halt, doch nicht so! Vielleicht besser Gom.
- Ja, ginge auch. Aber ist das nicht eine heilige Stadt irgendwo?
- Dann eben Lom, Sum, Hem, meinetwegen sogar Bam. Nur nicht ausgerechnet Gim! Niemand wird eine Figur ernst nehmen, die Gim heißt. Stell dir mal vor: „Gim runzelte die Stirn, er widersprach nachdrücklich", „Gim beugte sich vor und strich dem Kind tröstend über den Kopf." Oder gar: „Gims Todeskampf dauerte nun schon drei Stunden." Kommt doch alles ziemlich lächerlich, nicht?
- Trotzdem, ich bleibe dabei. Möglicherweise ist Gim ja lächerlich.
- Bitte. Aber sag nachher nicht, ich hätte dich nicht gewarnt.
- Eines Morgens fand sich Gim, als er aufwachte ...
- Lass mich raten ... fand er sich an einem völlig fremden Ort wieder, neben einer Frau, die er noch nie gesehen hatte. Wie originell! Oder warum nicht gleich so: ... fand er sich in ein großes, ekliges Insekt verwandelt? Nein, noch besser: Eines Morgens sieht er sich beim Aufwa-

chen von den Abgesandten einer unbekannten Instanz, die plötzlich um sein Bett stehen, zum Angeklagten gemacht. Toll! Nur kommt einem das irgendwie bekannt vor.
- Und wenn schon. Auch Gims Geschichte beginnt eben eines Morgens. Muss ja wohl noch erlaubt sein.
- Nein, eines Morgens, eines Abends – das geht nicht mehr, ist abgelutscht wie Es war einmal oder wie gewisse Tonfolgen, die man, sobald jemand ansetzt damit, zwanghaft mitsummen muss, piepiepiepiep, lalallala. Der Morgen hat erzählerisch die Unschuld verloren. Er wird nie mehr like the first morning sein.
- Warte doch mal ab. Eines Morgens fanden sich eben drei Buchstaben, die einen Namen bilden wollten, zufällig zusammen, auf einem Blatt Papier oder einem Bildschirm: G, I und M. Es war vielleicht sogar nur eine gedachte Schrift, jedenfalls, nun war der Name da, als Keim zu einer Person.
- Nein, höchstens zum Bild, zur bloßen Vorstellung einer Person.
- Die Person ist ein Er, aber noch unspezifisch wie ein Strich- oder Ampelmännchen. Er hat, wie er da auf der weißen Fläche erscheint, das ist frühmorgens ja ganz natürlich, noch kaum ein Bewusstsein von sich, keine Erinnerungen, keine Hoffnungen oder Pläne. Oder doch? Immerhin will er dasein. Er will einer werden, der einen gewissen Platz einnimmt, einen Charakter besitzt. Einer, den andere kennen, an den sie sich erinnern, wenn sie ihm irgendwann wiederbegegnen. Den sie mögen oder meinetwegen hassen, so dass er sich an ihnen seiner Identität versichern kann.
- Hm.
- Gim steht nun auf, wie Mitteleuropäer das morgens zu tun pflegen: Rasieren, Duschen, Zähneputzen. Sichankleiden, mit dem Kamm oder der Bürste durch die widerspenstigen Haare gehen. Aber schon zeigen sich Eigenheiten an ihm. Zum Beispiel tritt er, sobald er seine Blase entleert hat, noch vor den Sauberkeitsritualen erst einmal nackt ins Freie, das heißt auf den Balkon seiner

Zweizimmerwohnung im achten Stock eines älteren Punkthauses hinaus. Dort hat niemand Einsicht. Er tut das, um die frische Luft auf seiner noch schlafwarmen Haut zu spüren, und weil er als Erstes immer das Wetter erschnuppern muss, wie er sagt. Tatsächlich hebt er, an die Brüstung vortretend, den Kopf in den Wind und zieht schnüffelnd die Nase kraus, was an einen Hund oder vielleicht an ein Kaninchen erinnert.
- Aha, Gim ist doch eine komische Figur. Wir schreiben eine Humoreske.
- Nein, ich meine es ernst. In diesem Moment fällt ihm nämlich plötzlich ein Traum ein, den er vorhin hatte. Von seiner Mutter, die er in Wirklichkeit schon als Kind verlor. Aber in diesem Traum begegnete er ihr, sie war ganz lebendig, in einem Amtszimmer irgendwo in der gerade in Auflösung begriffenen DDR, und sie erkannte ihn nicht.
- Wie sollte sie auch, wo er doch noch ein Kind gewesen war.
- Ja, aber ihm tut das weh. Er liebt sie ja immer noch, hängt unbewusst an ihr. Allerdings hasst er sie zugleich, weil sie sein Leben so belastet hat. Er hat nie eine lockere, natürliche Beziehung zu seinem Körper, zu seiner Sinnlichkeit und damit auch zu Frauen gefunden, die er begehrte, weil sie da immer im Weg stand, die Heilige mit den großen, zornigen Augen und dem strengen Zeigefinger.
- Vielleicht hätte Gim mal eine Psychotherapie machen sollen?
- Ja, eine Analyse? Könnte ganz interessant zu beschreiben sein. Aber darum geht es nicht. Nein, ich streiche den Traum wieder, ich darf Gim nicht gleich so einbauen und festlegen. Er soll einfach frei sein, wie er da an diesem schönen Morgen auf diesen Balkon tritt und ins Weite schaut.
- Ha, frei! Da sind doch nicht nur die Eltern gewesen. Er ist wohl auch zur Schule gegangen, hat einen Beruf gelernt und ist nun vermutlich in irgendeiner Stellung tätig. Auf jeden Fall ist er, in seinen paar Möglichkeiten und

großen Begrenztheiten, von denen er zum Glück wenig ahnt, durch und durch von Traditionen und Konventionen, von unserem Gesellschaftssystem, unserer Kultur definiert. Auch was das Private angeht. Vermutlich hat er Liebschaften gehabt, mit Frauen oder gar mit Männern, vielleicht war er mal verheiratet, aber das ist wohl nicht gut gegangen, wenn er jetzt, bald vierzig Jahre alt, allein in dieser Zweizimmerwohnung lebt. Leidet er an Versagensängsten, an Minderwertigkeitsgefühlen? Und nun stellst du ihn da nackt auf den Balkon eines Hochhauses – soll er davonfliegen wie ein Vogel?
- Er könnte sich vielleicht einbilden, einer zu sein, also einfach auf die Brüstung steigen und springen, mit ausgebreiteten Armen. Und in den Sekunden des Fliegens spielen sich in seinem Kopf alle die unglaublichen Dinge ab, die er sich in seinem realen Leben leider nie zugetraut hat. Auf einmal ist da ein Rausch von offenen Möglichkeiten und auch Erfüllungen, einfach die Freiheit, das so oft vermisste Glück des Daseins ...
- Und dann der Aufschlag. Den körperlichen Schmerz, den entsetzlichen, wird er nur kurz empfinden, aber stell dir vor, wie ihm vorher bewusst wird, dass die Schwerkraft eben doch stärker ist als alle Phantasie.
- Er springt ja gar nicht wirklich. Aber die bloße Vorstellung, es zu tun, löst etwas in ihm aus. Heute wird er nicht ins Büro gehen, sondern einfach einen Spaziergang machen, dann vielleicht eine Kunstausstellung besuchen, schließlich sich in eine Bibliothek setzen ...
- Da schau her: ein Kunstfreund, und auch noch voller Leselust? Gim ist also gebildet. Weiß er, wonach er zu greifen hat? Ist er eher auf Lebensersatz aus, auf Liebesgeschichten und Abenteuer, oder auf fromme Besinnung? Will er etwas über die Rätsel des Kosmos lernen oder über die Ursachen der jüngsten Finanzkrise?
- Nein, er liest nur so in den Briefen eines Klassikers, die ihn zufällig neugierig gemacht haben. Hör zu: „... und es spricht eben nicht für die Apostel der Beschränktheit, dass unter den Alten, wo jeder mit Sinn und Seele der Welt angehörte, die ihn umgab, weit mehr Innigkeit in

einzelnen Charakteren und Verhältnissen zu finden ist als zum Beispiel unter uns Deutschen, und das affektierte Geschrei von herzlosem Kosmopolitismus und überspannter Metaphysik kann wohl nicht wahrer widerlegt werden als durch ein edles Paar wie Thales und Solon, die miteinander Griechenland und Ägypten und Asien durchwanderten, um Bekanntschaft zu machen mit den Staatsverfassungen und Philosophen der Welt, die also in mehr als einer Rücksicht verallgemeinert waren, aber dabei recht gute Freunde und menschlicher und sogar naiver als alle miteinander, die uns bereden möchten, man dürfe die Augen nicht auftun und der Welt, die es immer wert ist, das Herz nicht öffnen, um seine Natürlichkeit beisammen zu halten."
- Wow! Wo hast du das denn her?
- Homburg vor der Höhe, 1. Januar 1799, Hölderlin an seinen Bruder. 28 Jahre war der Fritz da alt. Gim, oder vielleicht nenne ich ihn doch lieber Sim, fühlt sich wunderbar bestätigt. Wenn vor mehr als zweihundert Jahren jemand solche Sätze hinschrieb, um einem anderen oder vielleicht sich selber Mut zu machen, ja, dann wird es doch Zeit. Er liest weiter „Kant ist der Moses unserer Nation ... Freilich tanzen sie noch immer um ihre güldenen Kälber und hungern nach ihren Fleischtöpfen, und er müsste wohl im eigentlichen Sinne in irgendeine Einsame mit ihnen auswandern, wenn sie vom Bauchdienst und den toten, herz- und sinnlos gewordenen Gebräuchen und Meinungen lassen sollten, unter denen ihre bessere lebendige Natur unhörbar, wie eine tief eingekerkerte, seufzt."
- Ja, das hat Schwung. Polemik ist immer gut. Aber dieser Hölderlin, du weißt ja ...
- Wurde ein paar Jahre später verrückt. Heißt das etwa, dass er unrecht hatte?
- Wahnsinn und Genie kamen schon damals manchen als verschwistert vor. Inzwischen gibt es um gewisse Psychotiker und ihre Kunst ja geradezu einen Kult, erst sperrt man sie weg, dann kommen andere, die sie entdecken, und man berauscht sich an dem, was der Norm so

fabelhaft zuwiderläuft, total anders ist. Dein Gim hält es also auch mit den Spinnern?
- Er steht dazwischen. Er sucht. Aber nun eben mit vollem Einsatz.
- Und wie verträgt sich das mit seinem Arbeitsvertrag? Mit seinen Verpflichtungen als Mieter, als Steuerzahler, als Staatsbürger ganz allgemein? Hat er nicht vielleicht aus einer früheren Beziehung sogar ein Kind, für das er aufzukommen hat, materiell zumindest?
- Richtig, das stimmt. Und gerade deshalb ist es für ihn nun mit dem bloßen „Bauchdienst" nicht mehr getan. Er will an einer radikalen Verbesserung der Verhältnisse arbeiten, der Schaffung einer menschlicheren Welt. Dafür muss er alles riskieren.
- Und du zeigst ihm, wo's lang geht, ja? Du weißt, wie man das macht und wie eine solche bessere Welt aussieht?
- So genau nicht. Aber mich interessiert eben, wie aus Gim ein Kämpfer wird, ich meine, wie er in sich auf einmal einen bisher verborgenen ganz anderen entdeckt, der sich nicht mehr allem anpasst und unterwirft, sondern aufsteht und …
- Gegen Stuttgart 21 demonstriert, oder gegen Castor-Transporte, gegen den deutschen Militäreinsatz in Afghanistan?
- Zum Beispiel. Aber es geht doch nicht nur um Demonstrationen, sondern um den Entwurf von grundsätzlichen Alternativen, um ganz neue Ideen und die Wege zu ihrer Verwirklichung. Natürlich muss er dafür erst einmal Verbündete finden. Noch in der Bücherei lernt er eine junge Frau kennen, er liest ihr den Hölderlin-Brief vor …
- Und ihre schönen Augen schauen ihn tief an, er meint, sie werden sogar feucht …
- ja, und sie legt ihre Hand auf seinen Arm …
- und sagt zu ihm: Du, das hatten wir doch alles schon mal, und übrigens riechst du schrecklich aus dem Mund, frag mal deinen Arzt, was du dagegen tun kannst.
- Verdammt. Na dann sollte Gim vielleicht doch besser wieder in sein Büro gehen, sich eine Entschuldigung für

den versäumten Vormittag ausdenken, aber ab sofort in der Arbeit selbst einen neuen Sinn, das richtige Ziel suchen.
- Vergiss es. Sinn in der Arbeit, das ist heute wie ein Sechser im Lotto. Das hat doch alles überhaupt nichts mit der Wirklichkeit zu tun, du setzt nur das alte Gesellschaftsspiel literarischer Fiktion fort. Wenn du stattdessen mal ehrlich wiedergeben wolltest, was Gim auf seinem Morgenspaziergang, im Kunstverein und nachher in der Bücherei begegnet, was seine Sinne wahrnehmen und was davon in seinem Gehirn ankommt und dort irgendwie verarbeitet wird, inklusive der Erinnerungen und Gefühle, die da bei ihm geweckt werden, meinetwegen auch seiner Wunsch- oder Albträume, dann hättest du schon achthundert Seiten oder mehr voll zu schreiben. Was dir vorschwebt, ist mit „holzschnittartig" nur milde umschrieben, und es stammt zu 98 Prozent überhaupt nicht von dir, sondern aus dem Medienpalaver dieser Tage, willkürlich bearbeitet durch einen ziemlich alten, mittelmäßigen und abgestandenen Intellekt.
- Ich protestiere – dass ich biologisch ziemlich alt bin, kann ich nicht bestreiten, aber Erfahrung kann manchmal gut und nützlich sein, und es geht hier auch nicht um einen Wettkampf wie beim Skispringen oder Hundertmeterlauf. Ich kann mich gut hineinfühlen in einen Mann, der sich plötzlich an einem Wendepunkt sieht, der noch einmal neu beginnen will. Ja, Gim ist vielleicht mittelmäßig, so wie ich auch, aber uns steht doch trotzdem eine Chance zu.
- Wenn du glaubst, dass das so ist, warum musst du es erst noch beweisen?
- Gim wollte es. Er rief nach mir.
- Und jetzt?
- Ich weiß nicht, er ist sehr blass geworden, fast durchsichtig, und sagt nichts mehr.
- Ja, das kennen wir doch. Solche Leute wie Gim lösen sich irgendwann einfach auf. Eben standen sie noch körperlich vor uns, voll Temperament und Eigensinn, plötzlich sind sie nur noch Schemen. Dann gar nichts mehr.

- Du hast ihn mir kaputtgeredet.
- Ach Gott, nun wein doch nicht! Wir sind doch derselbe, du und ich.
- Was habe ich falsch gemacht?
- Du hättest es besser mit einer Gima versuchen sollen. Die hätte dir mehr Widerstand geboten, dich stärker herausgefordert.
- Ja, möglicherweise.
- Immerhin, wenn das hier gedruckt wird, bekommt dein Gim wenigstens ein kleines schwarzweißes Grab.
- Und was werden die Leser sagen?
- Sie sind selbst in Schuld, waren ja gewarnt.

HIPPE HABASCH

sauber

warum darf die kacken
und einstein nicht fragt
das kind

die mutter zieht den
hund hoch aus der
hocke rein in den wald

pfui sagt das kind zum
bauer bohrt mit dem
großen zeh in der
kuhscheiße holen sie
eine tüte und machen
sie das weg sie sau
und jodeln können sie
wahrscheinlich auch
nicht

drei haare

ich stand da mit den drei haaren in der linken hand, dem feuerzeug in der rechten und dem zucker in der hosentasche. drei haare ausreißen, verbrennen und die asche mit dem zucker vermischen. dann alles in einen fluss oder bach leeren, hatte die zigeunerin gesagt. in ein schnell fließendes wasser. das würde helfen. je schneller das wasser fließe, desto früher würde sich mein problem lösen. ich heftete den blick auf die haare, meine augen weiteten sich. spliss, dachte ich, zu allem unglück noch spliss. steckte das feuerzeug zu dem zucker und holte die schere. sorgsam schnitt ich die zerfaserten spitzen ab. drei haare, hatte die zigeunerin gesagt. von spliss war nicht die rede. mein kopf arbeitete fieberhaft. das ritual duldete keine fehler. die unterlage, ich brauchte zum verbrennen eine unterlage. sonst würde die asche auf den boden fallen und kehrte ich sie zusammen, hätte ich nicht nur asche sondern auch staub und hundehaare auf der schaufel. vielleicht sogar silberfischchen. die zigeunerin hatte nichts gesagt von zusatzstoffen. sie hatte gesagt, die asche von drei haaren. die drei haare fest zwischen daumen und zeigefinger der linken hand geklemmt, breitete ich mit der rechten die tageszeitung aus. die ausgabe vom 8. november. die unterlage. ich verfing mich in den schlagzeilen: eichel spricht sich für die 40-stundenwoche aus; falludscha brennt; arafat liegt im sterben. ich versuchte zusammenhänge herzustellen. wenn arafat stirbt, werden die palästinenser mehr als 40 stunden. sie werden mehr als 40 stunden. das wird dauern. sie werden nicht an eichel denken, aber an falludscha. falludscha, das brennt.

brennt. ich sollte nicht zeitung lesen sondern meine drei haare zu asche werden lassen. für das rezept habe ich der zigeunerin 20 euro gezahlt. das rezept, wie ich meinen liebhaber zurückkriege. warum ich ihn wiederhaben will weiß ich nicht, schließlich hab ich selber schluss gemacht. aber dass er wieder anfing mit seiner ex, das hat mich gekränkt. mit drei haaren, zucker und einem schnell fließenden wasser wird alles wieder gut, hat die zigeunerin gesagt. alles wird gut. er wird kommen, zu meinen füßen sitzen. er wird gitarre spielen und still got the blues singen. er wird mit mir schlafen und wahrscheinlich schicke ich ihn morgens zum teufel. so haben wir es immer gehalten. er wird nie mehr zu seiner ex gehen. seine ex ist ein rothaariges wesen mit bleicher, durchsichtiger haut, das keift und alles verdient, nur nicht solch einen mann. er wird nicht zu ihr gehen. er wird durch die straßen laufen, die gitarre stimmen, warten, bis ich bereit bin.

weil ich so lange nachdachte, fand ich mich irgendwann im bett wieder. wachte kurz auf, sah meine linke hand abwesend an, öffnete die zusammengeballte faust und drehte mich auf die andere seite. ich träumte von falludscha, das sich mit dem zucker in meiner hosentasche verband und von eichel, der meinen liebhaber streichelte, während arafat am zigarettenautomaten ein päckchen der schon wieder teurer gewordenen herausließ. rauchen ist tödlich, sagte seine frau, blickte ernst und sah die riege der nickenden außenminister an. ich wollte widersprechen, weil immer, wenn diese unselige diskussion übers rauchen beginnt, habe ich das bedürfnis zu widersprechen. also öffnete ich die lippen, hustete und wachte auf. es war morgen, ich lag im bett. ganz allein. nicht nur der liebhaber war weg, auch die drei haare. meine hände lagen entspannt im schambereich. beide. es war zeit zu handeln. ich suchte das bettlaken ab. haare ja, aber nicht vom kopf. drei, hatte die zigeunerin gesagt. ob gekräuselt oder glatt, dazu hatte sie sich nicht geäußert. ich schüttelte den inhalt des betttuches auf die zeitung, brannte ihn ab, verzehnfachte die zuckermenge. viel hilft viel, dachte ich, bevor ich die mischung in die gießen kippte. wie gesagt, es war morgen und ich war noch sehr müde. erst beim heimlaufen fiel mir ein, dass die gießen zwar das meinem bett am nächsten befindliche bächlein ist, aber kein schnellfließendes wasser. sie ist auch nicht langsam. die gießen rinnt sozusagen auf der stelle.

ich übe. ich übe das bügeln von bügelfalten. er liebt bügelfalten. ich kann nicht nur eine, ich kann inzwischen zwei. akkurat nebeneinander. ich übe jeden tag, trage seine alten hemden und hosen, wasche und bügle sie. wir sind parallelen, denke ich, wir sind bis auf weiteres zwei parallelen.

es ist alles im fluss, seit zehn jahren ist alles im fluss. ich glaube an die worte der zigeunerin. ich bügle und bereite mich vor. bereite mich vor auf den tag, an dem er wiederkommt. zwar mit grauen haaren, aber ein sieger.

allgäu I

in dieser blauen
wiese von
vergissmeinnicht
liegt ein grüner
mann wär es
ein blauer mann
in einer grünen
wiese könnt ich es
leichter erklären
aber so liegt dieser
grüne – nein er
kommt nicht vom
mars und hat keine
spitzen ohren – auf
der wiese liegt da
mit ausgebreiteten
armen rechts eine
pimpinelle links ein
frauenmantel lässt
sich bescheinen
von der sonne der
allgäuwarmen bis
das grün immer
durchsichtiger wird
und da seh ichs es
ist joschka und er
hebt zu sprechen an
rosen tulpen nelken
alle blumen welken
und ich wünsch
mir die rauhnächte
heran mitten im
frühling

SIBYLLE HOFFMANN
Die Beschneidung

All ihre Bemühungen waren misslungen, sie war ganz allein geblieben. Tage hatte sie durchgemacht, an denen sie ihren Mitmenschen nicht mehr in die Augen schauen konnte. Viel eher war es ihr so, als ob sie die Augen aufreißen musste, wenn sich ihr ein Gegenüber näherte. Ja, es war sogar so, dass sie wahnsinnig erschrak, sobald jemand sich ihr näherte.

Sie lebte ihr Leben nicht mehr. Es war ihr abhanden gekommen. Wie das geschehen hat können, kann sie bis heute nicht verstehen.

Überhaupt, dass sie ein Kind empfangen und gebären hatte können, war ein Wunder gewesen und es war der Grund geworden, dass sie von da an entschieden war, für das Leben zu sein. Dem Gedanken ans Sterben, oder besser der Sehnsucht danach, hatte sie den Kampf angekündigt. Die Aussichten jedoch, in jeder Beziehung, waren fortan schlechter geworden. Die Flucht vor dem Vater der Tochter hatte ihr zunächst ihr Haus gekostet. Das soll nicht heißen, dass ihr die neue Wohnung nicht gefiel. Sie verfügte über einen Balkon, der von drei Räumen aus zugänglich war und der im Hochsommer schon am frühen Nachmittag von der Sonne beschienen wurde. Darauf hinaustreten zu können, freute sie sich besonders, aber auch darüber, dass das Kind, das sofort begonnen hatte, den Grundriss der Wohnung zu zeichnen, immer den Balkon mitzeichnete.

Aber nicht nur die ihr zur Verfügung stehenden Räume waren kleiner geworden, nein, auch die Dinge im Außen hatten sich entfernt; sie konnte die Menschen nicht mehr erreichen. Und das, obwohl sie gemeint hatte, in ihrem Inneren sich immer mehr auf eine künftige Welt, ein künftiges Leben einzustellen. Ganz hatte sie versucht ihr Inneres darauf einzurichten, so dass sie dieses Leben bestehen könnte, denn, so hatte sie gemeint, alles Leben begänne tief in diesem Inneren, an dem Ort der großen Freude, wo alles sehr weit wird, wo die Wasser sind.

Jahrelang hatte sie versucht, immer wieder dorthin zu gelangen, diesen Ort zu pflegen, damit er ja nicht verloren gehen würde, diesen Ort immer wieder anzupeilen. Und trotzdem, oder aus diesen Gründen, war sie der Welt ganz verloren gegangen. Sie fand keine Arbeit, bekam keine Anrufe, hatte keine Freunde mehr. Diesem allen stand sie mit großem Unverständnis gegenüber. Sie hatte sich hingegen beigebracht, nicht mehr das zu essen was ihr schmeckte, sondern sie aß das, was am einfachsten zu ergattern war und was nur wenig kostete. Da die Menschen sich von ihr immer mehr zurückgezogen hatten, hatte sie gelernt, ganz ohne Menschen die Tage zu verbringen, was ihr schwer fiel, da sie ein Mensch war, der sehr gerne Kontakte pflegte. Sie liebte Unterhaltungen und den Austausch über Gott und die Welt.
So musste zwangsläufig das Kind ihr alles werden.
Früher war es ihr meist leicht gewesen etwas anzupacken, einen Freund oder eine Freundin konnte sie einfach so anrufen, oder, wenn es etwas in der Wohnung zu räumen oder umzuräumen gab, wurde es einfach gemacht. Jetzt aber funktionierte nichts mehr ohne ihr ein Problem zu machen. Alles hatte begonnen, ihr ungeheure Kräfte abzunötigen oder es schien von vornherein nicht möglich.
Ja, es kann ja sein, dass es im Grunde darum ging, dass ihre Geduld erprobt werden sollte. So hatte sie begonnen, immer mehr davon abzusehen, dass die Dinge überhaupt machbar sind, dass es keine Umstände macht, Kontakte zu den Menschen aufzunehmen. Sie waren es ganz einfach nicht. Immer wieder hatte sich ihr das gezeigt. Wie oft musste sie abwarten, nichts tun oder irgendetwas ganz anderes. Sie hatte begonnen ihre Wäsche nicht mehr in der Waschmaschine zu waschen, sondern allesamt von Hand. Dies erschien ihr im zunehmenden Maße eine sehr sinnvolle Handlung, vielleicht gerade deshalb, weil es so zeitraubend ist. Oft wurde sie von einer rasenden Unruhe getrieben. Ein Brief, den sie jemandem schreiben wollte, wurde und wurde nicht fertig, fand keine endgültige Fassung und es gelang ihr über Monate, ja Jahre nicht, diesen abzuschicken. Das war ihre Wahrheit oder Wirklichkeit geworden. Sie sollte

über ihr Tun nicht mehr selbst verfügen/bestimmen, nein, es war ihr als wollten die Dinge sich nicht mehr von ihr bestimmen lassen und als ob es ihre Aufgabe sei, zu lernen, diese sich selbst zu überlassen. Und darin begann sie sich zu üben. Mit mehr oder weniger Erfolg. Das Sofa, das sie so gerne aufgestellt hätte um an den langen Abenden gemütlich darin zu sitzen – es kam einfach nicht dazu, und es dauerte sehr viele Stunden der inneren Vorstellung, ja vielleicht sogar der Beschwörung, bis es dann endlich soweit war und man von einer gelungenen Aktion endlich einmal wieder sprechen konnte.

Oft wusste sie in keiner Weise mehr, was sie mit all ihrer Sehnsucht und dem zwanghaften Wunsch, sich an einen Menschen anlehnen zu können, anfangen sollte. Sie hatte oft so geradezu überschwängliche Gefühle in sich, die sich groß und weit in ihr ausdehnten und ihren Leib zu sprengen drohten. Viel davon gab sie dem Kind, gerne, und die Lebendigkeit des Kindes, wenn es sie zum Rollenspiel aufforderte oder völlig einhellig mit ihr durch den nahe liegenden Wald stöberte, machte sie zwanglos und froh. Auch meinte sie von sich selbst ein Mensch zu sein, der durchaus in der Lage ist, Mitgefühl für andere zu empfinden Aber Menschen, die dafür empfänglich waren, gab es nicht. „So bleibt dafür viel für das Kind übrig", dachte sie bei sich, mit einem etwas schlechten Gewissen, da sie befürchtete, dass es zu viel sein könnte.
Die einzige Möglichkeit, das hatte sie endlich herausgefunden, um sich von diesem Überschäumenden zu befreien, war, es zu kanalisieren. Sie hatte herausgefunden, dass sie es abgeben musste nach außen, eher in die Weite nach oben als in Richtung der Erde. Immer sicherer war sie geworden, dass es dort auch Leben, oder Wesen, oder Lebewesen geben müsste, die eine echte Existenz führen und die ja diejenigen sein könnten, die auf sie warteten, schon länger als sie es sich ausmalen konnte. Auch ein leerer Himmel begann für sie zu einem Ereignis zu werden. Es war ihr, als würde sie, oder etwas in ihr, beginnen, in dieser Leere etwas zu entdecken, eine Vibration, eine Resonanz, sogar so

etwas wie Schönheit zu der man hintreten könne. In ihrer ganzen Hilflosigkeit hatte sie begonnen sich ihnen voller Hoffnung zuzuwenden. Zuerst war es nur ein Hinstarren zu den vermeintlich Seienden, über die man in seltenen aber durchaus vorhanden Büchern lesen konnte. Sie hatte begonnen die Welt um sich auf eine andere Art wahrzunehmen als bislang. Ganz allmählich gelang es ihr sogar, Laute zu finden und sie in ihrem Mund zu formen, lallend, stammelnd, irgendwelche, und es waren so viele, die ihr durch den Kopf rasten, unzählige, und sie atmete auf, wenn es ihr gelang aus diesen unzähligen Lautgebilden eines heraus zu fischen, es sich auf die Lippen zu legen und es mit der Atemluft hinaus zu sprengen in die Höhe – hinaus. Hinaus zu stoßen ins Ungewisse, irgendwohin, dorthin, voller Hoffnung hinaus.

CONSTANCE HOTZ
Vier Kürzestgeschichten

Junge Männer

Drei junge Männer lungern abends um zehn am Eingang zur Gasse herum, dunkle Gestalten mit hübschen Mützen. Posieren selbstverliebt, lauern mit angespannten Gliedern, vibrieren vor Coolness – als wären Scheinwerfer auf sie gerichtet, Kameras, Blicke, als kreischten junge Mädchen, die aber keines Blickes gewürdigt werden – sie geilen sich an ihrer eigenen Lässigkeit auf, Helden der Nacht, Helden auf dem Sprung.

Einer lehnt rücklings an der Ecke, ein Knie angewinkelt, die Schuhsohle an die Mauer gepresst, ein Matrose auf Landabenteuer aus. Ein anderer stemmt ein Bein gegen den Pfahl der Straßenlaterne, ein Sportler, der sich auf seinen Einsatz vorbereitet. Der Dritte trippelt tänzelnd auf der Stelle, ein Boxer, kurz vor dem Kampf.

Was haben sie vor?

Der an der Ecke lehnte, geht ein paar Schritte in die Gasse, die anderen folgen mit Blicken, eine Anziehungskraft wirkt, ein Sog wie in einen Trichter, der Abgänger kommt zurück, winkt ab, die Spannung löst sich auf und setzt sich neu zusammen. Die Blicke fallen auseinander, schweifen umher, suchen sich was.

Plötzlich geht ein Ruck durch die Gruppe. Die drei stellen sich auf, machen breitbeinig den Zugang zur Gasse dicht, wollen los, loslaufen, loslegen, zuschlagen. Einer hebt den Arm, ruft das entscheidende Wort, rennt los, ins Dunkel der Gasse. Die anderen in gemessenem Abstand hinterher.

Nur Sekunden später kommt der Erste zurück, tritt ins

Licht. Seite an Seite mit einem anderen jungen Mann, der jetzt den Arm um seine Schultern legt, scheu und zärtlich vermeiden sie eine Berührung ihrer Wangen, lächeln verlegen, ohne einander anzusehen.

Die beiden anderen folgen ihnen feixend, treiben sie mit aufreizenden Pfiffen vor sich her.

Die Tasche

Die aufdringliche Kurzärmeligkeit der übergewichtigen Amerikanerin am Nachbartisch. Hellbraunes T-Shirt mit Blumenrankenmuster, Bauchringe wie unförmige Terrassen. Um den monströsen Hals eine x-fach verschlungene Glasperlenkette. Kurzhaarschnitt, rotblonde Strähnen darin wie Störungen. Ohrstecker, als würden sie das Gesicht in Klammern setzen, als wäre es weniger als ein Nebensatz. Fliehendes Kinn, breit wie eine Rampe. Unter der Sonnenbrille eine Stupsnase wie ein falscher Akzent. Das Gesicht aufgedunsen von Trotz, als wäre ihr Leben eine einzige Zumutung. Die Hände wollen Fäuste sein und auf den Tisch trommeln und sich in den Scherben der zertrümmerten Teller zerfleischen. Dass das niemand erkennt, ihr Mann nicht, der in seinem Plastikstuhl fläzt und mit der Ketchupflasche fuchtelt wie zu Hause vor dem Fernseher, die angeblichen Freunde nicht, Langweiler alle beide in krumm getretenen Sneakers, für die sie sich schämt, das macht diesen Aufenthalt nur zu einer weiteren öden Station.

Dass es ein schöner Maitag ist auf ihrer Europareise, Sonne in St. Moritz, prächtige Schneeberge ringsum, kräftiger Wind, der etwas aufwirbeln könnte, tut nichts zur Sache. Pferdekutschen, Glöckchengebimmel, Digicamklicks retten nichts. Wenn sie nicht diese goldene Handtasche hätte, die sie gestern in Italien so günstig erstand, Designermodell mit einem Muster aus tief ins Leder geprägten Markenlogos, jedes Logo ein Trost, ein Zuspruch, ein Zeichen, eine Brandmarkung der Zugehörigkeit – diese Tasche, die sie gleich wieder, wenn sie endlich bezahlten und weitergingen, für alle Welt sichtbar über der Schulter tragen könnte, wüsste sie nicht, was sie hier sollte. Auf diesem enttäuschenden Kontinent.

Der Abstand

Sie distanziert sich, eilt voraus, wie die Königin von England, die Queen, die sie immer sein wollte, trägt den Gehstock vor sich her, statt sich darauf zu stützen – stolz und weltverachtend wie ein Zepter. In ihrem Gesicht, das sich um etwas Unbestimmtes bemüht, steht mehr als die Geschichte dieses Lebens geschrieben. Eingefurchte Register unfreier Entscheidungen, nie gehabter Möglichkeiten, Zorn, zusammengehalten von einem tierhaften Einverstandensein, weil einen doch keiner herausholt und zur Königin krönt.

Er hinterher, mit fünf Metern Abstand, Prinz Philip, wie benommen auf den Stock gestützt, die Füße wollen nicht mehr, sind kaum mehr zu steuern, zu weit weg vom Kopf, der mit dünnem Haar, starr glotzenden Augen, ohne etwas wahrzunehmen – jetzt vor dem aufreißenden Himmel etwas beinahe Klassisches hat, die Größe eines steinernen Denkmals mit der Patina von bald neunzig Jahren.

Der kleine Schaffner

Die glühende Wichtigkeit des jungen Schaffners, als er dem Ehepaar in den besten Jahren, beide gut angezogen, er ein leutseliger Organisierer, sie eine jugendliche Erscheinung, stilvoll frisiert, strahlend – auf dem Bahnsteig eine Auskunft gibt.

Sie strahlt, als gelte es, den Menschen, zumal den nicht so glücklichen, den Zukurzgekommenen wie diesem kleinen, höchstens 1 Meter 60 großen Jüngling, dem die Hosen seiner Schaffneruniform viel zu lang sind, und dem das Jackett schlaff an den Schultern hängt, was die Beine noch kürzer erscheinen lässt – als gelte es, diesem Unglücklichen mit seinen dicken Brillengläsern, der, man sollte es ja nicht denken, leicht debil wirkt, ein Schwachsinniger, ob der überhaupt mit den komplizierten Verbindungen heutzutage zurecht kommt – als gelte es, diesem armen Tropf etwas Gutes zu tun an diesem Sonntagmorgen.

Jedenfalls strahlt sie, wie sie da steht in ihren silbernen Ballerinas, die dezent zu den Stickereien an ihrer schwarzen Weste kombiniert sind, diesen Krüppel so überaus herzlich und glückselig an, als möchte sie ihn und mit ihm die ganze Schöpfung, der er ja doch irgendwie angehört, umarmen und etwas abgeben, wovon sie im Übermaß hat. Ihre Herablassung wäre nur an den pochenden Narben unter dem Haaransatz sichtbar, wenn ihre Frisur diese nicht so perfekt verdeckte.

RENATE IGEL-SCHWEIZER

Labile Eiszeit

Ein Meter fern
ihrer Abstoßungsfläche
wurden sie überrascht
gebremst ihr fallsüchtiges Begehren

Jetzt

rutschen sie vom Zapfen
verlassen taktvoll
den Laufsteg

tropf
tropf
tropf
tropf

Ich bin mir eine Erbse
autonom und eingehülst
neben mir die anderen
tolerant und liberal

Einzeln sind wir
miteinander
du und ich
gibt eins
sind wir

Uns grün
in einer Schote

Beim Frühstück

Mit meiner Hand
einmal um den ganzen Laib
Streiflichter gehen aus
von dieser braunen Scheibe

Sicher und schnell zog Mutter
ein Kreuz in die Kruste
überzeugt dass ein Segen davon ausginge

Derart geschnitten
streich ich herzhaft
Butter mir aufs Brot
und kaue vorsichtig meine Anfänge

Heut überfiel mich Gotteslust
wegen zwei Zikaden

Ich hörte sie
doch sah sie nicht
ließ mich vom Ton verführen
ein Stillstehn
kurz
ein Augenblick
ein Sprung aus der Routine

Schon war ich hier
und nicht mehr da
der Welt und mir entzogen

An René Char

Du schreibst von der Ewigkeit
einer Olive. Warum sollt ich nach dem
Apfel greifen, einer Birne oder dem
Saftparadies einer Traube?

Deiner Verrücktheit beuge ich mich
und koste das Leben, wenn ich
den Kern ausspucke

hier.

Gelb kommt auf
scharfes Grün
empfänglich der Stiel
Ich folge der Weiss
-sagung
auf High-Heels

durch den Park.

BJÖRN KERN
Arm, aber sexy

Ein glücklicher Tag beginnt damit, dass ich in keine Bierlache trete. Es ist schwierig, das Treppenhaus hinab zu steigen, ohne in eine Bierlache zu treten, wenn man in Kreuzberg lebt. Nun stelle ich das Existenzrecht morgendlicher Bierlachen nicht grundsätzlich in Frage. Nur um hineinzutreten bin ich nicht progressiv genug. Ich stamme aus einem katholischen Bundesland. Im Park jogge ich dann Slalom um die Grillreste vom Vorabend. Nicht immer trete ich in die blutigen Überreste von Schnitzeln und Steaks. Heute lässt eine Krähe, die einen Müllbeutel aufgeschlitzt hat, einen Hühnchenknochen auf mich herabfallen. An glücklichen Tagen trage ich einen Hut. Nicht immer bekomme ich dann Seitenstechen, manchmal lösen sich nur die Schnürsenkel und ich gerate ins Stolpern. Immerhin falle ich nicht in die rauchende Grillkohle, die am Vorabend in die Büsche geleert wurde. Außer mir sind nur Hunde und ihre sogenannten Halter unterwegs. An glücklichen Tagen muss ich nicht mit ansehen, wie sie ihren Tieren mit behandschuhter Hand an die Hinterteile fassen und dampfende Stränge entgegennehmen. Heute schnuppern die Halter auch noch daran, stülpen die Plastikhandschuhe um – und dann ab damit ins Gebüsch. Auf die Grillkohle. Es zischt, riecht nach verschmortem Plastik. An glücklichen Tagen trübt der Morgennebel ein wenig die Sicht. Nicht immer rollt mir dann eine von Easyjet eingeflogene, volltrunkene Spanierin vor die Füße. Manchmal ist es auch eine Britin. Sie unterscheiden sich in der Schwere des Suffs. An glücklichen Tagen höre ich nur, wie sie röhrend aufwachen, und muss ihnen nicht zusehen dabei. Ihr Suff ist wichtig fürs Bruttosozialprodukt. Sie fliegen und feiern und übernachten. Am Kanalufer ist dann nicht jeden Morgen Razzia. An glücklichen Tagen kann ich die fünfhundert Meter zwischen Wohnung und Kanal ablaufen, ohne meinen Ausweis zu zeigen. Heute werde ich auch noch durchsucht. Die Dealer lehnen in Kleinkriminellenmanier am Streifenwagen, Beine gespreizt, Hände hinter dem Rücken. Meine Daten werden durchgegeben. Das Funkgerät mault. Schon nach zwanzig Minuten darf ich weiterlaufen! An glücklichen Tagen sind die Verrückten nur auf Amphetaminen hängengeblieben. Heute eher auf LSD. Die Frau stellt sich mir in den Weg, will mich umarmen, will in meinen Koffer einsteigen, will mit mir zum Mond. Als ich weiterjogge, prügelt sie mir nicht auf den Rücken. Ich will es kaum glauben, aber sie spuckt nicht einmal nach mir. Was für ein glücklicher Tag!

JOCHEN KELTER

Als sei die Seele alle Sommer los

Die Schritte auf den hellen
Strassen leicht wie nie
der Fuss dem Pflaster zugetan
die Tage dunkel leuchtend
die Schatten tief und lang
der Himmel voller grossem
Glanz das Sonnenlicht von
rundem Gold im Unterholz
nisten auf einmal Träume
es ist als sei die Seele
alle Sommer los und finde
Räume für ein ungesagtes Glück
das raunt von weiten Tagen
und fühlt sich an wie alter
Schmuck niemals getragen
wer jetzt noch weiter will
muss gegen Süden fahren und
muss entgegen allem Herbst
Unsterblichkeit erfahren

Ein klirrender Winter

„S'Fraueli kann das nicht"
sie versorgte den Haushalt
wie die Haushälterin meiner Mutter
ich fuhr sie zurück auf den Berg
den Schlittelweg hoch nach Wäldi
sie aber lernte derweil in Zürich
ich weiss nicht was sie vom Leben
trieb oder gegen das Leben plante
eine Bekannte erledigte
weitverzweigte Korrespondenz
wie man sie in jenen Jahren pflegte
es war ein klirrender Winter
und der Anfang vom Ende
das tropfende Eis bog noch die Äste
da fand ich mich schon allein
wie ein Hund im ewigen Schnee

Fahrt in den Schwarzwald

Die Bäume stehen so alt im Laub
als stünden sie hundert Jahre
die Sonne geht so fahl ins Land
als sei sie längst verblichen
die Wiesen sehen das letzte Licht
ich sehe es an ihrer Stelle

Ich mag den Winter des Walds
nicht beklagen mich schreckt
lange schon ganz andere Kälte
der Verhältnisse und der Seelen
die desertieren früh gefrieren
in manchen luftigen Särgen

Zwischen Brandwänden
und Burger King Stützkurs
und maximaler Rendite ist auch
am Waldrand kein Platz für die laute
Klage ist alles zwischen tumbem
Beginn und lautlosem Verzagen

Im greisenalten Herbst

Herbstmessen – Bläue
und Martini – Sommer sind
längst hinabgeschwommen
noch immer aber ziehen
die Kondense weiss wie einst
die Kraniche zu ihrem Ziel
unter dem hohen Himmel
es ist als wollt' das Licht
in diesem greisenalten Herbst
aus eisig dünnen Lüften
bis ganz hinuntersteigen
und uns zeigen dass wir
im nächsten Jahr entgegen
aller Dunkelheit hellwach
und brüderlich anlegen
sollen wider der Götter
altem Ränkespiel wonach
die Nacht noch niemand
hat bestehen wollen

Eine Reise in dunkler Zeit

Aus all dem Laut aus
dem Lärm zu fliehen
in die Stille auf das weisse
Blatt Papier in die Leere aus
der ein schmaler Halm wächst

Aus dem Schweigen dem
dünnen Rauch aus winterlichen
Kaminen entlang in das heilige
Köln zu fahren platt an dem Fluss
wo die Hässlichkeit Hof hält

Und weiter durch geduckte
Wallonie und den rauen Norden
ins royale Paris wo mit den
strengen Fassaden dem Glanz
des Winters die Schäbigkeit haust

Zurück in den Schnee an dem See
der die geschlagenen Wunden
bedeckt zu den Bibliotheken
des Verstehens und dem Lärmen
dem Schweigen der Lebenden

Bin alles jetzt und niemand hier

Vor neblig dunkler Wand
steigt stetig weisser Rauch
in graue himmellose Himmel
es ist als sei die Welt zu Ende
die Blutspur aller Valois
und Tudors aller Erzregenten
Päpste Inquisitionen Gulags
der ungeheure Strom von Blut
und Nachgeborenen löst sich
in weissen Rauch und Nebel
vor einem kleinen späten Berg
auf einer kleinen Autofahrt
am Ende eines kleinen Jahres
bin alles jetzt und niemand hier
bin Widerstand und Unvermögen
ich bin der letzte noch im Kampf
der erste der sich niederlegt
zum Schlaf die ungeheure
Furche zu vergessen die uns
Lebende durchs Leben schlägt

CHRISTA KNELLWOLF KING
Überfahrt

Sie schlang den Schal enger um ihren Hals und rief ein gedämpftes „auf Wiedersehen" in die fast leere Gaststube hinein. Nur ein paar Einheimische hatten in einer Ecke gesessen, während sie sich bei einer Tasse Tee aufgewärmt hatte. Sonst war es hier in Meersburg sehr still. Jetzt im November war dies auch gar nicht erstaunlich.

Die sommerlichen Gartenrestaurants mit Blick auf den Bodensee waren für den Winter geschlossen und der Wind pfiff ihr eisig ins Gesicht. Es war stockdunkel um 6 Uhr abends, aber wie jedes Mal, wenn sie nach Meersburg kam, zog sie die Uferpromenade geheimnisvoll an. Jetzt im Spätherbst gehörte sie ganz dem rauen Platschen der Wellen und dem Pfeifen des Windes.

Das dumpfe Klacken ihrer Schuhsohlen schwieg, als sie still stand, um dem Wellenspiel zu lauschen, das sich unentwegt gegen die Ufermauern schlug. Sie staunte immer wieder darüber, dass die Wellen niemals ihre Kraft verloren, dass sie aufwogten wie Gedanken, um sich dann in formloses Fließen zu verlieren. Etwas zieht sie immer wieder in die Tiefe. Es ist da eine riesige Dunkelheit. Die hat zwar etwas Unheimliches an sich, aber sie hat ihre eigenen Leidenschaften und ihre eigene Geborgenheit. Ja sogar ihre eigenen Klänge. Alle Lebensfunktionen haben ihre Geräusche. Wenn man genau zuhört, kann man hören, wie das Blut durch seine Bahnen fließt. Sogar Gedanken berühren immer neue Saiten und erzeugen eigene Klänge.

Sie blickte in die Ferne und ihre Augen folgten dem Lichtersaum des Schweizer Ufers, bis er sich hinter dem Hörnli verlor. Langsam verlieren sich einzelne Lichtpunkte. Wie eigenartig, dass sie auch noch da sind, wenn man sie nicht mehr sehen kann. Als sie sich der Anlegestelle der Fähre von Meersburg nach Staad nähert, sieht sie das neue Fährschiff einlaufen. Sie war vor ein paar Monaten dabei gewesen, als sie es auf den Namen Lodi tauften.

Die Metallplanke, die den Steg mit der Fähre verbindet, schlägt einmal kurz auf und ein Angestellter der Fährbetriebe winkt ihr, einzusteigen. Das Hin- und Zurück einer modernen Fähre bewegt sich ohne Zäsur. Die Lodi hatte sich fast unmerklich verlangsamt. Sie hält selbst an Tagen mit hohen Windstärken auf Zentimeter genau an der vorgeschriebenen Stelle.

Nur wenige Fußgänger waren unterwegs. Sie nickte zufrieden beim Gedanken, dass es eine stille Überfahrt sein würde. Aber da hörte sie Schritte auf sich zueilen.

„Hallo Stella. Hab dich ne Ewigkeit nicht gesehen."

„Bastian! Ich dachte, du seiest längst wieder nach Frankfurt zurück."

„Freust du dich nicht, mich wieder zu sehen?"

„Doch..."

„Also! Komm, wir setzen uns ins Restaurant und trinken etwas."

„Ich hab eben einen Tee gehabt."

„Da wirst du auch noch einen zweiten Tee vertragen können. Komm, ich lad dich ein."

Seine überschwängliche Art war unwiderstehlich, sodass sie ihm mit einem amüsierten Kopfschütteln folgte. Bastian war ein Biologe, den sie vor ein paar Jahren kennen gelernt hatte. Seine blassblauen Augen schauten offen in die Welt. Alle mochten den pausbackigen jungen Mann, der immer fröhlich war und sich von nichts erschüttern ließ. Ein quietschendes Stöhnen und die Lodi setzte sich in Bewegung. Das elektrische Licht ließ die Fenster zu Spiegeln werden, die die unbestimmten Formen der Nacht ausblendeten. Bastians von der Kälte gerötete Wangen bildeten einen lustigen Kontrast zu seinem blonden Haar. So stellte sie sich Hänsel im Märchen vor.

„Also, was für Neuigkeiten gibt's? Was machen die Mysterien?"

Sie schaute ihn unverwandt an.

„Nun, ich meine, das letzte Mal, als wir uns trafen, haben wir über Grenzerfahrungen gesprochen."

„Hier wo die Schweiz so nah ist, sind Grenzerfahrungen etwas ganz Normales." Sie schaute ihm verschmitzt in die Augen."

„Ja, das auch, aber du hast mir doch einmal gesagt, dass du schon ganz eigenartige Dinge erlebt hast..."

„Hab ich das?"

„Du hast mir einfach nie etwas Konkretes erzählt. Waren das Träume?"

„Träume sind immer eigenartig."

„Warum erzählst du mir denn nicht einen deiner, mh ... Träume?"

Als sie ihn nachdenklich ansah, fuhr er fort, „eine Fähre ist doch so etwas wie eine Zwischenwelt. Da kann man auch einmal aus dem alltäglichen Glauben an die Objektivität heraustreten."

„Du bist derjenige, der sich als Materialist beschreibt. Und wie du richtig sagt, ist es eine Sache des Glaubens."

„Also?" Seine Augen glänzten wie die eines kleinen Jungen, der auf eine Gutenachtgeschichte wartet. Sie zögerte noch einmal kurz aber wischte ihre Zweifel mit einer Handbewegung auf die Seite.

„Gut, da wir uns nun mal auf einer modernen Version des Schiffchens befinden, mit dem Charon die Seelen auf die andere Seite übersetzte, kann ich dir auch etwas Ausgefallenes erzählen."

„Den Obolus habe ich ja schon bezahlt", erwiderte er lächelnd und hielt ihr die Fahrkarte unter die Nase."

„Na, ob du bei Charon so billig weg gekommen wärst?"

Einen Moment rührte sie nachdenklich in ihrer Tasse. Es war wohl ein gutes Zeichen, dass er so ruhig wartend dasaß.

„Es ist nun schon ein paar Jahre her, aber die Erinnerung hat nichts von seinen Farben eingebüßt. Ich seh das improvisierte Gastbett vor meinen Augen genau wie damals. Eine rot-weiß karierte Decke lag über einem korbähnlichen Bett, das für einen Erwachsenen eigentlich zu klein war. Ringsherum standen Schachteln und noch nicht ausgepackte Kisten, die vom kürzlichen Umzug der Gastfamilie zeugten. Erst vor einer Woche hatten sie den Neubau in einem Vorort von Santiago de Compostela bezogen. Die Möbel hatten ihren Platz noch nicht gefunden und im

Dachgeschoss, wo ich untergebracht war, war die Elektrizität noch nicht angeschlossen worden. Ich war eine von sechs Gastdozentinnen, die eingeladen worden waren, um ein Blockseminar für graduierte Studenten zu unterrichten."

„Alles Frauen?"

„Ganz genau, alles Frauen, denn es ging um ein feministisches Thema. Ja, und es war das erste Mal, dass ich eine Einladung erhalten hatte, und dann auch noch ins Ausland. Ich strahlte buchstäblich vor Freude über diese Ehre und machte mir überhaupt nichts daraus, dass ich im Unterschied zu meinen erfahrenen Kolleginnen, die in einem Hotel in der Altstadt wohnten, im Dachgeschoss des Organisators untergebracht war. Das bloße Gefühl, teilnehmen zu dürfen, wog alle Unannehmlichkeiten auf. Und dann diese traumhafte Stadt. Obwohl es schon später Herbst war, war alles noch grün."

„Das Land, wo die Zitronen blühen eben", bemerkte Bastian schmunzelnd.

„Im November blühen auch in Spanien keine Zitronen mehr, mein Lieber. Aber überall gab es Büsche, die schwer beladen waren von zitronigem Gold. Auf dem Weg zu sich nach Hause fuhr mein Gastgeber an den alten Mauern der Stadt vorbei.

‚Ihnen werden diese Mauern nichts sagen', erklärte er mit sichtbarer Bewegtheit. ‚Aber jedes Mal, wenn ich die alten Stadtmauern verlasse, atme ich auf. Sie werden das kaum verstehen können. Diese alten, hoch aufgeschichteten Wände aus Stein sind unheimlich. Ich weiß, dass es nur tote Materie ist. Und trotzdem kommt es mir so vor, als ob diese Mauern nach mir greifen; wie nach einem Sohn, der sich von den alten Zeiten befreien will, aber der auf ewig an die Vergangenheit gekettet ist.'

Als ich versuchte, die Mauern mit seinen Augen zu sehen, lief mir ein Schauer den Rücken hinunter.

Nach einiger Zeit fuhr mein Gastgeber fort: ‚Sie müssen wissen, dass es sich für mich so anfühlt, als ob ich im neunzehnten Jahrhundert geboren wurde. Was sage ich? Im fünfzehnten, im zwölften Jahrhundert. Vor Tausenden von

Jahren. Ich bin doch selber ein Stein, der in diese Bollwerke gemauert wurde.' Wir kamen auf eine Kreuzung, die seine Konzentration erforderte. Als wir wieder auf grader Strecke fuhren, versuchte ich ihn zu beschwichtigen: ‚Aber jetzt leben Sie in der neuen Vorstadt.' – ‚Meinen Sie tatsächlich, dass man den Fingern der Zeit so leicht entrinnt?'

Am nächsten Tag hatte ich ein paar freie Stunden, um mir die Innenstadt anzuschauen. Nach den Worten meines Gastgebers wurde mir unheimlich beim Anblick der alten Mauern. Die mittelalterlichen Klöster waren für die Ewigkeit gebaut worden. Stein und Mörtel hatten sich mit den eng nebeneinander stehenden Gitterstäben verbündet, um keinen mehr zu entlassen, der das Gelübde abgelegt hatte, gleichgültig, ob dies aus freien Stücken geschehen oder mit Gewalt erzwungen worden war.

Ich atmete auf beim Gedanken, dass ich nur Besucherin war. Und ich gestehe es zu meiner Schande, dass ich mein Grauen recht leicht abschüttelte und in einer kleinen Taverne einen Espresso trinken ging. ‚Sollen mich die alten Mauern anglotzen', dachte ich mir, ‚ich fall deshalb nicht um.' Trotz der späten Jahreszeit fühlte sich die Luft angenehm warm an. Ich war in Ferienstimmung und war nicht bereit, mir meine gute Laune verderben zu lassen. Du kennst mich ja."

„Darum kommen wir so gut aus miteinander."

„Warst du übrigens schon mal in Santiago de Compostela?"

„Ne, ich war mal an der Südküste von Spanien. Aber in Santiago de Compostela war ich nie. Dass der Jakobsweg dort endet, weiß ich. Aber ich bin nicht geschaffen für lange Wanderungen. Dazu bin ich doch viel zu träge."

„Ich habe auch nie viel von Pilgerfahrten gehalten. Aber als ich da auf dem Platz vor der Kathedrale stand, wurde mir ganz eigentümlich zumute. Natürlich hab ich geschmunzelt über die Souvenirstände, die kübelweise religiösen Kitsch verkaufen. Aber die Erwartungen der Menschen – die Hoffnungen auf ein Wunder – waren irgendwie spürbar."

„Und haben die Mauern da nach dir gegriffen?" Seine

Stimme hatte einen neckenden Unterton, aber sie fühlte sich überhaupt nicht verunsichert.

„Ich weiß nicht. Vielleicht schon. Ich fühlte mich irgendwie berührt. Also, das Erlebnis, von dem ich dir erzählen wollte, fand im Verlauf dieser Woche in Santiago de Compostela statt.

Wir Gastdozentinnen trafen uns jeweils für ein gemeinsames Abendessen. Es war eine gemütliche Runde und auch an diesem Abend zog sich das Essen bis spät in die Nacht hinein. Es war kurz vor Mitternacht, als ich bei meinem Gastgeber angekommen war. Ich nahm meine Taschenlampe und stieg ins Dachgeschoss hinauf. Der Tag war voller Eindrücke gewesen, aber trotzdem sank ich in Tiefschlaf, sobald mein Kopf das Kissen berührte.

Plötzlich wachte ich wieder auf. Da war doch jemand. Oder war es ein Tier? Es hörte sich an, als ob etwas durch das Zimmer fliegen würde. Ich streckte meine Hand nach der Taschenlampe aus, die neben meinem Bett lag. Meine tastenden Finger hatten den Plastikgriff bereits umschlossen, aber es war schon zu spät. Meine Finger lösten ihren Griff, als ich etwas auf meiner Brust landen spürte."

Bastian schluckte mit geräuschvollem Erstaunen.

„Das ist Thanatos, dachte ich unwillkürlich. Und schon machte er sich über mich her. Seine Krallen gruben sich tief in mein Fleisch. Mit seinem Raubvogelschnabel machte er sich daran, meinen Körper zu zerstückeln. Mit unglaublicher Geschwindigkeit hackte er meine Organe aus dem Leib und verwandelte meine Körperteile in blutige Fetzen. Der Vogel arbeitete schnell, sodass ich bald keinen Mund mehr hatte, um meine grauenvollen Schmerzen herauszuschreien.

Auf einmal hörten die Schmerzen auf. Obwohl ich keinen Körper – und also auch kein Hirn – mehr hatte, spürte ich mich denken: ‚Jetzt bin ich tot.' Dieser Gedanke löste eine riesenhafte Traurigkeit aus. Etwas war von mir übrig geblieben, aber ich hatte den Körper verloren. Dieser kunstvoll gestaltete Körper, dem ich nie besondere Beachtung geschenkt hatte, obwohl er mich auf wunderbare Weise durchs Leben getragen hatte; dieser Körper lag zerfetzt am Boden. Nicht einmal Augen waren mir geblieben, um über meinen Verlust zu weinen. Was von mir übrig war, war ein Meer von Traurigkeit. Eine dunkle Masse, die den substanzlosen Punkt meines Seins umgab. Etwas fühlte sich ungeheuer schwer an, als ob das ganze Universum auf mich niederdrückte.

Dann sank auch diese Schwere in sich zusammen. Sie bröckelte buchstäblich auseinander und verlor sich im Nichts. Als Nächstes kam es mir vor, als ob ich gleichzeitig immer und überall gegenwärtig sei. Eine ungeahnte Leichtigkeit pulsierte durch mich hindurch. Es war da viel Licht und Farben und Klänge. Aber ich kann's einfach nicht beschreiben. Ich hab's immer wieder versucht, aber es klingt immer ganz bescheuert. Auf jeden Fall wurde es dann still und ich glitt in eine sanfte Dunkelheit."

„Und dann?"

„Ja, als Nächstes hörte ich das Läuten des Weckers."

„Also war's doch ein Traum?"

„Wenn ich nur wüsste, was ein Traum ist."

„Ja…"

„Als ich aufwachte, zitterte ich vor Freude. Ich lebte noch. Verstehst du, ich hatte mich noch nie besonders darüber gefreut, dass ich lebte. Aber jetzt wollte ich es in die Welt hinausschreien. Ich tastete meinen Körper ab und verspürte tiefe Lust beim Druck meiner Hände gegen meine Glieder. Ich hatte einen Kopf, einen Rumpf, Arme und Beine. Verstehst du meine ekstatische Freude über diese wunderbaren Aspekte des menschlichen Daseins? Er war noch da: Mein ganzer Körper. Vollständig und unbeschädigt."

Bastian schaute gedankenverloren in das Bild zweier Menschen, die sich in den Fenstern der Lodi spiegelten.

„Als ich richtig wach wurde, kam ich selber zu dem Schluss, den du bereits schon gezogen hast. Ich dachte mir, dass ich das alles nur geträumt hatte."

„Vielleicht das Resultat von Alkohol und schwer verdaulichen Speisen und dazu die vielen Eindrücke der fremden Stadt."

Sie zuckte nur ihre Schultern.

„Ich kann mir ganz einfach nicht erklären, was da passiert ist. Als ich mich am nächsten Morgen auf die Bettkante setzte und mir die Augen rieb, war alles genauso wie am Vortag. Aber gleichzeitig war auch alles ganz anders. Die Eindrücke der Nacht ließen sich nicht so leicht abschütteln. Als ich die Gardine zurückzog, sah ich, dass es regnete. Aber irgendwoher kam Licht. Eine geheimnisvolle Art von Licht, die ich noch nie zuvor gesehen hatte."

„Und wie erklärst du dir das?"

„Ich weiß nicht. Es ist mir unerklärlich."

„Sehr seltsam", sagte er nachdenklich.

„Ja, sehr seltsam. Unsere ganze Existenz ist sehr seltsam. Wir befinden uns auf einem langsam abkühlenden Klumpen Gestein, der sich um sich selbst dreht und in unbekannter Richtung durch das Universum schießt. Wenn das nicht seltsam ist?"

In Bastians Augen spielte ein geheimnisvoller Schimmer. Sie war drauf und dran, ihm das zu sagen. Aber da näherte sich die Lodi der Anlegestelle in Staad.

STEFANIE KEMPER
heroen

tauben auf dem tempelberg

reglos hocken zwei tauben
in der heiligen stadt / die
eine mit grauem / die
andere mit goldenem rücken

etwas ist einst auf sie nieder
gegangen / hat die federn
verklebt / den milchkropf vergiftet /
füttern würden sie gerne die brut

demonstranten

uni sono slogans
dafür und dagegen
versprechen wehen her
über in neuen gewändern
fäuste schlagen das
wort luft gemisch
schaumig

ein schuss / schon ziehen
wölfe die spur / langnasige
schnüffler in rotten / ratten
knabbern zehen ab / stöcke
schlagen die süße luft
blutig

touristen

und hier liebe freunde sehen sie
zelle und einschuss des helden
billy the kid / der sich den weg
in die freiheit schoss / sagt der wärter

da geht die neugier der leute in
deckung / umgibt sich mit
schleim / kriecht bäuchlings
zum nächsten event

was allen bleibt

das taube gefühl an der stirn
wenn rauch und zeit
vergangen sind

ERNST KÖHLER
Der Tod im Feuilleton

Müssen wir jetzt über das Böse nachdenken? Über das Böse in uns selber? Über das Böse in uns Guten? Dann wäre Osama bin Laden also ein Sündenbock, der es uns erlaubt, das Teuflische aus uns heraus nach draußen zu schaffen. Er wäre die klassische Projektion, die uns ein Weiterleben in finsterer Selbstgerechtigkeit gestattet. Kein toter Feind. Kein Feind der Amerikaner, kein Feind des Westens, kein Feind der Muslime. Kein Feind der Menschheit, kurz gesagt.

Präsident Obama hat Bin Laden in den Kopf schießen lassen. Wie der Kabarettist Georg Schramm es kürzlich im „Milchwerk" (Radolfzell) formuliert hat – gewohnt griffig: Präsident Obama hat jetzt einen Blutfleck auf seiner weißen Weste. In Deutschland erntet er dafür Befremden und Unverständnis. Eigentlich zum ersten Mal in seiner Amtszeit. Für die fragwürdige Leistung jetzt, nicht für die fraglosen Fehlleistungen bisher. Nicht, dass nicht auch die Deutschen sich spontan über die Kommandoaktion gefreut hätten. Auch die Deutschen haben dem brillianten Unternehmen applaudiert. Wie andere, einfacher gestrickte Segmente des Weltpublikums auch. Belegen lässt es sich nicht. Wissen kann man es nicht. Man kann nicht in ihn hineinsehen. Aber der Kenner spürt es: Der Deutsche ist nicht einfach gestrickt. So hat er seine Freude gleich wieder kassiert. So hat er gleich wieder eingesogen - im gleichen Atemzug, was ihm da entfahren war. Bedauert, zurückgezogen, verleugnet. Aber was will der Mensch machen – wenn er sich freut, freut er sich. Wenn er aufatmet, atmet er auf. Das ist die Kreatur, das ist das Tier in uns. Immerhin können wir eine unwillkürliche Reaktion, einen unkontrollierten Gefühlsausbruch umgehend abwürgen. Die Kraft haben wir. Die Tugend kann man uns nicht nehmen.

Man gewinnt fast den Eindruck, die Völkerrechtler der ganzen Erde hätten sich in Deutschland zusammengezogen. Das Land schwarz von den klugen Raben der Weltordnung. Also besser eine Entführung? Lassen wir den nächtlichen Zeitmangel in dem Haus in Pakistan beiseite. Er stört nur das ruhige Durchdenken des Falles bei Licht. Hätte eine Verschleppung unsere Denker mehr befriedigt? Wie die Adolf Eichmanns durch den Mossad? Aber das Argentinien von 1960 war so souverän wie das Pakistan von heute. Das ist auch über die enorme Zeitdistanz hinweg noch zu erkennen, die sonst so manches in einem nostalgischen Licht erscheinen lässt. Und das Gericht? Auch nicht gerade unumstritten. So wenig wie der Prozess. So wenig wie die Hinrichtung. Zudem sind die Amerikaner nach wie vor Amerikaner. Sie haben im Moment nur Guantánamo. Bin Laden in Guantánamo?

ELEONORE KOKMOTOU
Spiel mir das Lied vom Leben

Aus unveröffentlichten Texten eines entstehenden Kurzgeschichtenromans drei ineinander verkettete Erzählungen.

Jetzt leuchten Anemonen wieder weiß im Grün – und doch weicht dieses Bild zurück, verrinnt, verwischt, vergeht, und eine Vergangenheit beginnt, mitten im Sommer.

Noch einmal

Meine Hände zittern, ich mache es noch einmal, ich mache es ihm am besten, er will es nur von mir, weil ich weiß, wie es sein muß, wie er es will und er will es nur so, auch jetzt, gerade jetzt, das weiß ich; es ist eines jener Dinge, die ihm wichtig sind, die so gut gemacht sein müssen, daß er sich wohlfühlt – ich halte inne, lege die Feile beiseite, halte den Mittelfinger seiner linken Hand, betrachte die feinen Linien, die sich durch den Nagel ziehn, nehme den Ringfinger, den Zeigefinger, den Daumen, den langen kleinen Finger; seine ganz schlanke Hand liegt in meiner Rechten, ruhig, warm, vertraut – gefaßte Halbmonde im Oval der Fingernägel, träumerisch – ich drehe seine Finger leicht, hundertfache Rillen auf den Kuppen, ich spüre einen Druck in meinem Hals, kann nicht mehr schlucken. Ich bin 22, er 52. Ich nehme seine Fingerspitzen an meinen Mund, streife mit den Lippen darüber hinweg, spüre sie nicht, die kleinen Rillen, doch sie sind da, in ihrer angedeuteten Tiefe.

Blutleere im Kopf, Gehirnleere, an der Schwelle einer Ohnmacht spüre ich das schwächste Zucken seiner Hand, Nervenzucken, Reflex nur noch Reflex? Ich rufe ihn, „Vater!", sein ganzer Geist bereits hineingerissen in den sterbenden Körper, er will nur fort, dorthin, wohin ich ihn nicht möchte.

Ich nehme die Feile wieder auf, halte den Ringfinger seiner

rechten Hand und feile einen sanften Bogen; er will es nur von mir, weil ich weiß, wie er es will, und er will es nur so.

Das Rosenzimmer

Sein Schlafzimmer, getränkt von Morphiumdunst und Rosenduft, Vasenpracht, sitzend halb, am linken Arm die Traubenzucker-Infusion, die Augen gegen die Welt geschlossen; sein Haar so schwarz, dicht, feucht, im Hinüberdunkeln schon jetzt. „Bringt mir von jeder Farbe eine", hat er gesagt, Pastell bis Schwarz (die Adenauer-Rose), alle von ihm gesetzt, beschnitten, gegossen, im Garten, rund ums Haus, es sind seine Rosen und es ist Sommer.
Wohin träumt es dich fort? Wohin, hat dich dein Engel mitgenommen, jetzt? Nach Russland, Vater? Noch einmal Russland sehn, das hast du oft gesagt, der zweite Weltkrieg, kurz vor Moskau, da standest du, mit 27 Jahren, in deiner Leutnantsuniform als Kommandant im Panzer des Spähtrupps der fünften Division, sahst auf die Skyline von Moskau bei Nacht. Dörfer wurden nicht geplündert – auf deinen Befehl, sagtest du – auf Vergewaltigung russischer Frauen stand Erschießung – auf deinen Befehl, sagtest du – in deinen Adern fließt seitens der Großeltern französisches Blut, deine Liebe, Lilian; eine Französin, sie spielte Klavier, du deine Zigeunergeige, der Krieg, ein Schulterdurchschuß, beendete dein Spiel; doch jene Russin, die Balalaika spielte sie für dich, mitten im Krieg in jenem Dorf, kurz vor Moskau, in jener Nacht, als deine Leute das Dorf besetzten, unblutig – auf deinen Befehl, sagtest du – diese dunkle Frau, deswegen auch, wolltest du noch einmal Russland sehn.
Wer bist du Vater, hast uns fast nie vom Krieg erzählt, fast nichts, das Album mit dem Hakenkreuz, die kurzen Aufzeichnungen in weißer Tinte auf schwarzem Filzpapier, die eingeklebten, kleinen gezackten Schwarzweißfotos, da steckst du ganz schmal, fast zart in deiner schwarzen Panzeruniform und die Mütze trägt eingestickt einen Totenkopf, wer bist du Vater, sprachst fast nie über den Krieg, fast nie, nur daß dein Funker im Panzer durch eine Grana-

te geköpft wurde, er ohne Kopf neben dir…, das erzähltest du manchmal und um deinen Mund war ein bitterer Zug.'

Ein Klopfen an der Tür zum Rosenzimmer, ein leises energisches, ohne abzuwarten tritt sie ein, von Vater erwartet, ersehnt, sein ‚schwarzer Engel' ist sie, in ihrer katholischen Schwesterntracht, er, aus der Kirche ausgetreten, Victrizia heißt sie, unsentimental, doch einfühlsam, 62jährig, leichtfüßig tritt sie an Vaters Bett, legt ihre Hand auf die seine, er öffnet blinzelnd die Augen, kennt ihre Bewegungen genau, sie nimmt ihm die Schmerzen fort, er lächelt, sein Gesicht entspannt sich.

Sie setzt sich auf die Kante des Bettes, sie darf das, redet mit ihm, er sieht sie aufmerksam an, sie nimmt sein Handgelenk, fühlt den Puls, jedesmal, bevor sie das Morphium in die Spritze aufzieht, fühlt sie seinen Puls, diesmal fühlt sie ihn lange, wartet, zögert, tastet jetzt seinen Unterarm entlang der Vene nach oben, fast bis zum Ellbogen sorgfältig ab, er läßt es geschehen, fragt nichts; in der Mitte des Unterarms setzt sie jetzt erneut fest ihre Finger an die Vene, zählt noch einmal; sie läßt seinen Arm sinken, sitzt da, lange, und blickt ihm ins Gesicht, er sieht sie an mit erschöpften Augen, sie steht auf, geht zum Toilettentisch, dort liegt die Spritze, daneben die Ampullen mit dem Morphium, und blickt durch den Spiegel zu mir herüber, gibt mir ein Zeichen, geht zur Tür, er hat die Augen schon wieder geschlossen, ich folge ihr, wir treten auf die Diele, sie zieht die Tür halb an sich, faßt mich am Arm, energisch, und fragt mich leise, „Haben Sie schon einmal einen Menschen sterben sehn, Antonia?" „Nein Schwester", sage ich; ich bin 22, er 52.

Sie läßt meinen Blick nicht los, „Sie müssen stark sein Antonia", sagt sie, „heute Nacht wird es sein", mit ruhiger Stimme sagt sie es, und wie vor einer Ohnmacht hör' ich sie, „der Puls ist weit zurückgegangen, fast nicht mehr fühlbar, zwischen drei und fünf Uhr heute Nacht wird es sein, ich werde da sein", sagt sie, wir gehen in das Rosenzimmer zurück und sie gibt Vater die Spritze.

Unter den Schuhen knirschte der Kies

Der Vater ist tot. Er kannte sie nicht als Braut, nicht als Frau, nicht als Mutter, er war ein Engel und wollte nicht bleiben.

Abendsonne tauchte den Friedhof in ein mattes Licht; die Nacht im Kommen, der Tag im Gehen, beide nicht wirklich da. Antonia atmete den Geruch von frischen und verwelkten Blumen, von den Gräbern wehte er zu ihr herüber, und sie wurde ihr wichtig, jene stille Stunde zwischen dem Diesseits und Jenseits, wenn die Gedanken dem Jetzt entfliehn, wenn die roten Lampen mit den zitternden kleinen Flammen auf den Gräbern in der einfallenden Dämmerung immer mehr zu glühen begannen.

Den schmalen Weg entlang der Gräber ging sie; unter ihren Schuhen knirschte der Kies. Sie besuchte den Friedhof oft, kannte seinen Duft, jede Veränderung bemerkte sie auf ihm; sie sah auf ein großes Feld, seine Grabruhezeit war abgelaufen, nackt lag es da, umgegraben, sie näherte sich dem Acker, er war eingesät, an einigen Stellen der Samen aufgegangen, zwei Jahre würde er so liegen, seine sogenannte Feldruhezeit; war die Frist abgelaufen, würden brutale Baggermäuler die Matte wieder aufreißen, aufwühlen, neue unzählige Gruften in sie graben; der Tod braucht vorbereitetes Land, er hält sich hierzu seine Angestellten, Franz, der alte Friedhofswärter, war einer von ihnen.

Ein anderes Feld war bereits zu einer dichten Wiese mutiert, jedoch zu einem privilegierten war es ernannt, hatte eine differenziertere Bestimmung erhalten, war von der Friedhofsverwaltung zu jener Region für Gräber erhoben, die man käuflich erwerben konnte; nachsichtiger ging es hier zu, der Tod lächelte hier noch ein wenig für jene, die sich den Mythos des nie Vergänglichen noch für ein Weilchen mehr erkauften, es waren die Gräber mit Schonfrist, nein, diese Gräber durften nicht umgegraben werden.

Antonia ging weiter der Kirche zu, Geruch von Moder und Weihrauch entwich dem geöffneten Portal, hinein trat sie nicht. Damals, als kleines Mädchen noch, konnte sie sich ihren Heiland, wenn sie ihn brauchte, und sie brauchte ihn oft, einfach herbeisehen, ja, wenn sie nur wollte, konnte sie ihn sehen, immer an derselben Stelle, hoch oben im rechten Eck des Himmels in seinem langen, weißen Gewand, mit schmalem Gesicht lächelte er ihr zu; ganz einfach war das, wenn sie nur wollte; seit dem Tod der Großmutter, sie war gerade zehn und half beim Blumenteppichlegen in der katholischen Kirche, obgleich sie evangelisch war, als Vater leise hereintrat, ihr die Hand auf die Schulter legte und sagte, „komm' nach Hause Kind, Mamma und ich müssen dir etwas sagen" – einfach umgefallen war sie, die ihr das erste himmelblaue lange Kleid mit Kränzen bestickt zum großen Silvester-Familienball nähte, als sie sechs war, die die besten Kuchen buk, die Ostern im Park Süßigkeiten versteckte, die das ganz Jahr einen Teil des Schlafzimmerschranks unter Verschluß hielt, der alle jene Geheimnisse aufbewahrte, die an Geburtstagen und Jahresfesten dann offenbart wurden; die vom Küchenfenster hinüber in den Park rief, „Kinder, kommt, der Kuchen ist fertig", die schimpfen und fluchen konnte wie ein Husar, die von einem Putzwahn getrieben, die Ecken des Wohnzimmerteppichs umschlug, damit niemand den Raum betrat, einfach umgefallen, in einem Bruchteil einer grausamen Sekunde; in ihrem Erbrochenen lag sie; auf ihrem Gesicht lag sie; Hirntod mit 58 – seit dem Tod der Großmutter ging das nicht mehr so leicht, ihr Heilandbild herbeizusehen, sie musste sich immer mehr dabei anstrengen, dennoch wurde seine Gestalt vager, schemenhafter und seit dem Tod des Vaters, so jung, so zerlitten, alles was noch von ihm blieb, war ihm in die Augen gegangen, war ihr der Heiland ganz entglitten und sie erschrak, ganz so, als hätte sie ihn verraten.

THOMAS KUPHAL
Die Zeit in der ich den Brief las

Er war am Morgen gekommen. Unscheinbar und leise verlangte er, so wie er dalag, unten vor der Flurtür aufgenommen und geöffnet zu werden. Ich sah ihn schon auf dem Weg aus dem Bad durch den Flur, fand mich für einen Moment unbereit ihn zu nehmen, nahm ihn schließlich doch und ging mit ihm in mein Zimmer.

Auf meinem Schreibtisch lagen Papiere verstreut, hier ein Bleistift, da ein Buch, das zurückgelegt werden wollte und all die abgelegten Dinge, die der letzte Tag und die vorigen auf ihn gehäuft hatten. Ich schaffte mir Platz, bevor ich ihn endlich öffnete.

Es war angenehm ihn herauszunehmen, da er schon die zartbeschriebenen Zeilen mir entgegensandte als lesbarer Ausschnitt des sonst im Umschlag Weggesteckten und doch schon ganz Form gab vom in ihm Verborgenen.

Ich entfaltete den Brief, um dann zu lesen von ihr, wie sie weg war und wohin.

Davon, wie sie mit einer Gitarre um das Feuer vor ihnen saßen und sich lagerten.

Vom Fluß zu lesen, an dem sie gesessen haben und Donovan spielten und „She came to me one morning". Und von dem Eifer schrieb, mit dem sie das Holz gesucht und dem Übereifer, mit dem der Mann mit dem viel zu großen Hund die Scheite nicht zu entzünden geraten hatte. Und wie sie es natürlich dennoch entzündeten und den Bäumen auch nichts passierte und wie sie stattdessen bald tief in ihren Liedern waren und sangen und lachten und Scheite in die niedriger werdenden Flammen warfen. Und der Bernd noch eine Flasche Tequila mithatte, die natürlich nicht nötig gewesen wäre, aber doch ganz gut kam und sie alle nacheinander aus der Flasche nahmen und lächelten, wenn Bernd dann nach seinem ‚Kapo' suchte, der im Dunkel unter ihm verschwunden und erst viel später, von Laub bedeckt auf dem erdigen Grund wieder geborgen wurde.

Ich las und sah sie da lagern, las vom Feuerschein, in dem sie sich abdunkelnd und wieder erhellend sahen und sie schrieb dann weiter vom Flußlauf, dem sie, als es Nacht wurde, folgten und vom halben Mond über ihnen.

Ich ließ den Bogen auf den Tisch sinken, stand auf und trat zum Fenster. Einen Moment stand ich da und sah, obwohl nichts meinen Blick zu verweilen drängte, hinaus. Noch einen Augenblick ließ ich vergehen, nahm dann den Brief und las ihn, las ihn ganz.

Der Tod der Anderen

Die Füße feucht
vom in die Stiefel gelaufenen Wasser
verbrennt es die Körper der Lebenden
Zelle für Zelle von innen

trotz Anzügen, die den Körper umschließen
trotz Pressluftflaschen voll von Atemluft
aus Gefilden, wo die Luft rein ist- noch
trotz Masken, wenn man dem Grauen ins Gesicht sieht

gehen die Retter, Experten und Löschtrupps
durch Fukushimas sterbende Stadt der Leidenden
noch einmal flackern die Lampen der Notrufwagen auf
wieder und wieder bahnen sich neue Menschen den Weg ins Inferno

Die Strahlung durchdringt sie- lautlos, schmerzlos aber beständig
Minute für Minute erhöhen nukleare Partikel ihre tödliche Gefahr
Und wenn sie wissen, dass viele von ihnen sterben müssen
Dann sind sie Helden, für sich, ihre Familien und für Japan

Wir aber, im frühlingsfrohen Mitteleuropa
Sehen das Grauen durch elektronische Scheiben
Sauber getrennt in Raum und Fernwelt
– schmerzfrei, aufgeräumt und unverstrahlt

    Ungelupft unter
der eigenen Sicherheitskäseglocke
Der Tod ist hier immer der, der anderen,
    wir sehen die Katastrophe nur
        – noch

ULRIKE LÄNGLE
Kapital und Interessen

Kapital und Interessen, meine Schulden groß und klein, müssen einst verrechnet sein. Er brachte die Zeilen nicht mehr aus dem Kopf, und das war gut so. Am Sonntag um 17 Uhr würde die Aufführung stattfinden, bei der er diese Arie singen sollte. Jetzt war er geflohen. Direkt aus einer Probe geflohen. Eigentlich unerhört, so etwas war ihm noch nie passiert. Schuld war seine Frau, wer sonst. Emma. Emma, die Sopranistin, die mit dem Altus zusammen ein Duett sang: *Herz, zerreiß des Mammons Kette; Hände, streuet Gutes aus.* Emmas Hände hatten ihn in der Probenpause hinter den Hauptaltar gezogen, und dort, wo fast nie jemand hinkam, hatten sie Gutes getan, hatte sie ihn geküßt und ihm ins Ohr geflüstert:
„Ich will ein Kind von dir."
Warum sie ihm das ausgerechnet in der Kirche sagen mußte, war ihm rätselhaft. Sie hätte doch damit warten können, bis sie beide wieder zu Hause waren, in ihrem Reihenhaus aus rotem Backstein, das immer noch nicht abbezahlt war. Emmas Satz hatte ihn so erschreckt, daß er nicht mehr singen konnte und aus der Probe flüchtete. Sollten sie selber sehen, wie sie die Kantate fertigbrachten, der Tenorpart, den er sang, war ohnehin vorbei. Der Baß hatte noch einiges zu tun, unter anderem in einem Rezitativ die Zeilen zu singen: *Indessen weil du weißt, daß du Haushalter seist, so sei bemüht und unvergessen, den Mammon klüglich anzuwenden.*
Der Baß hatte es gut. Die Tenorpartie war viel schwieriger, und er hatte einen viel beunruhigenderen Text:
Alles, was ich schuldig blieben, ist in Gottes Buch geschrieben als mit Stahl und Demantstein. War er Emma bis jetzt ein Kind schuldig geblieben? Er wollte einfach das Haus abbezahlt haben, bevor er die Verantwortung für ein drittes und womöglich viertes Leben, wenn es Zwillinge wurden, auf sich nahm.
Tue Rechnung, Donnerwort, hörte er den Baß in sein Ohr schmettern. Bevor das Haus nicht abbezahlt war, konnten

Emmas Hände noch so sehr Gutes ausstreuen, und ihr Mund und andere Körperteile, bevor das Haus nicht abbezahlt war, kam ihm kein Kind ins Haus, das stand fest. Er steckte die Fäuste entschlossen noch tiefer in die Taschen, nachdem er sich den Schal enger um den Hals gewickelt hatte. Das Honorar für die Sonntagskantate brauchte er dringend, auch wenn es nicht viel war. Auch Kleinvieh gibt Mist.

Bei seinem fluchtartigen Weglaufen hatte er gar nicht darauf geachtet, wohin er ging. Nun merkte er, daß er bei den Eichenwäldern am Stadtrand angelangt war. Er entspannte sich etwas, hier würde er wenigstens kein Geld ausgeben müssen, und spazierte auf dem weichen Waldweg weiter. Vor ihm ging ein Paar mit einem Zwillingskinderwagen, das immer wieder stehen blieb, sich über seinen Nachwuchs beugte und dabei kindische Laute und sogar eine Art Entzückensschreie von sich gab. Er überholte sie grußlos, die Fäuste noch immer fest in den Taschen. Aber nun war schon wieder ein Kinderwagen vor ihm. Hatte er Verfolgungswahn? Nach ein paar Schritten stellte er erleichtert fest, daß ihn sein Weg zu dem Wildpark im Stadtwald geführt hatte, der ein beliebtes Ausflugsziel für Eltern mit Kindern war. Eintritt frei. Er hörte etwas, das wie ein tiefes, rauhes Muhen klang. Es war der Hirsch, ein Vierzehnender, der in die Herbstluft röhrte wie ein wildgewordener Baß. *Tue Rechnung, Donnerwort*, fiel ihm wieder ein. Die Hirschkühe standen im Rudel herum und blickten ziemlich unbeteiligt. Von denen wollte sicher keine unbedingt ein Hirschkalb. Ein Vater am Maschendrahtzaun machte für seine zwei Sprößlinge das Röhren des Hirsches nach, es klang fast wilder als das Tier. Ihn fröstelte. Der Nebel kroch ihm in die Glieder, er mußte wirklich auf seine Stimme aufpassen. Er zog den Schal hoch, bis auch der Mund bedeckt war. Jetzt nur keine Erkältung, da sei Gott vor. Die Heizung in St. Petri war auch nicht optimal gewesen. Die sparten ebenfalls.

Nun stand er plötzlich vor einem rotweißen Absperrseil. Der Zugang zum Wildschweingehege war versperrt, aber er konnte gut hinsehen. Über die Köpfe der Kinder

hinweg, die sich vor dem Seil drängten. Hinter dem Gitter lag eine graue Wildsau im Dreck. Aus dem Stall kamen plötzlich zwei Frischlinge heraus, nicht mehr ganz klein, längsgestreift und mit torkelndem Gang. Sie kletterten an der Sau herum, dann wollten sie ihr aufs Gesicht steigen, aber da wurden sie abgeschüttelt.
„Die sorgt für Zucht und Ordnung", sagte ein Vater hinter ihm. Das fand er gar nicht. Ihm kam die Sau sogar ganz gutmütig vor. Ganz anders als das Bild, das er sonst von Wildschweinen hatte. Sein Bruder lebte in der Toskana und hatte ihn kürzlich angerufen, offensichtlich noch ganz schockiert. Der Hund des Nachbarn, eines Bauern, ein kleiner, drahtiger Mischling, der vor nichts zurückschreckte, war zwei Wildschweinen in die Quere gekommen. Die Bauersfrau hatte den Kampf bemerkt, und es war ihr gelungen, die Wildschweine zu verscheuchen, indem sie auf ihre blechernen Kochtöpfe schlug. Der Hund war ebenfalls verschwunden. Zwei Tage später fand ihn der Bauer, als er ein etwas entlegenes Feld pflügte, dort in einem Schuppen. Die beiden linken Beine waren fast abgefressen, das Fleisch bereits brandig. Er brachte den Hund zum Tierarzt, und der meinte, da könne man nur mehr einschläfern. Der Fall sei hoffnungslos. Der Bauer brachte das nicht über sich oder das Geld reute ihn, und er nahm seinen geliebten Hund wieder mit, damit er wenigstens zu Hause stürbe. Bevor er starb, schleppte er sich jedesmal auf seinen Beinstummeln ins Freie, wenn er Wasser lassen mußte.
Diese Wildsau hier war jedoch ganz anders. Er sah ihr noch ein Weilchen zu, wie sie mit den Jungen herumspielte. Nun legte sie sich auf die Seite, und die beiden Kleinen begannen an den Zitzen zu saugen, hellgrauen Zitzen. Die Muttersau blickte zufrieden. Er ertappte sich dabei, daß ihn ihr Profil an Emma erinnerte. Er hatte immer für Hellblonde mit Rubensfigur geschwärmt, und so sah Emma aus. Emma wäre wahrscheinlich beleidigt gewesen, wenn er ihr gesagt hätte, daß ihn der Rüssel einer Wildsau an ihre Stupsnase erinnerte. Nun hatten die Kleinen genug. Max und Moritz wären gute Namen für sie gewesen. Emma blieb liegen. Max und Moritz liefen auf ihren kurzen

Beinchen zu ihrem hinteren Ende und begannen, an ihrem Schwanz zu knabbern und zu ziehen. Die Sau blieb seelenruhig im Dreck hingelagert und rührte sich nicht. Sie sah sogar richtig zufrieden aus. Ob Emma auch so eine gutmütige Mutter wäre? *Kapital und Interessen*, das hieß doch, daß man alles samt den Zinsen zurückzahlen mußte. Und waren Kinder nicht so etwas wie Zinsen auf das Humankapital, das Emma und er darstellten? Zinsen auf das Leben, das ihnen von Gott verliehen war und das sie eines Tages in seine Hände zurücklegen würden? Er fröstelte, er mußte zurück. Er würde den Bus nach Hause nehmen, da war er vor dem Nebel sicher.

An der Haltestelle wimmelte es von Familien mit Nachwuchs. Er ergatterte noch einen Sitzplatz, neben ihm stand ein Vater mit Kinderwagen. Das Kind, noch ziemlich klein, blickte ihn mit runden, irgendwie abwesenden Augen an. Dann verzog es den Mund und begann zu schreien, ununterbrochen und in einer unangenehmen Höhe. Der Vater wippte mit dem Kinderwagen, es nutzte nichts. Von weiter hinten im Bus fielen noch mehr Stimmen in das Geplärre ein, ein wahres Höllenkonzert. Er war froh, daß er bald aussteigen konnte. Vorher hatte er gefroren, nun war er ins Schwitzen gekommen. *Stärk mich mit deinem Freudengeist, heil mich mit deinen Wunden, wasch mich mit deinem Todesschweiß in meiner letzten Stunden*, sangen sie im Schlußchoral der Bach-Kantate. Irgendwie hatten die schon ein eigenartiges Körpergefühl, die Barockmenschen. Er zog sich den Schal wieder über den Mund und stieg aus. Er freute sich auf Emma.

CHRISTA LUDWIG

Die Geschichte, aus der die folgende Passage stammt, ist zwar nicht veröffentlicht, aber sie ist die Grundlage meines Hörspiels ‚Pendelblut', das 2001 in einer Produktion des NDR gesendet und zum Hörspiel des Monats gewählt wurde.
Sie spielt in den 70er Jahren. In einer Berliner Altbauwohnung sind von einer ehemals politisch aktiven Wohngemeinschaft übrig geblieben:
Ella und Georg – inzwischen fast verbürgerlicht – mit den Söhnen David (7) und Manuel (4). Georg ist selten anwesend, er arbeitet als Ingenieur bei einem Brückenprojekt in der Ukraine.
Noch immer als Revolutionärin empfindet sich Barbara. Sie wohnt dort mit ihrer Tochter Natascha (5) und wechselnden Partnern, die sie ihre 'jeweiligen Zeitweiligen' nennt.
Der kleine Manuel war eine Frühgeburt und hat ein Loch in der Herzscheidewand.
Diese entzündet sich nach einem Infekt, es bleibt ein Herzklappenfehler und Manuel bekommt eine jener künstlichen Herzklappen, die damals leise tickten wie eine Uhr. Er muß aber regelmäßig ein Blutverdünnungsmittel schlucken (Marcumar), weil die Thrombose-Gefahr erhöht ist. ‚Pendelblut' ist ein medizinischer Begriff, durch die nicht vollständig schließende Herzklappe wird das Blut nicht in den Körper gepumpt, sondern fließt innerhalb des Herzen hin und her.

Mit einem Gefühl von innigster Zuneigung lauschte Ella auf das regelmäßige Ticken im Herzrhythmus. Sie hatte so eine künstliche Herzklappe in der Hand gehabt, ein zartes Meisterstück, kein Ort für physische Grobheiten wie Blutgerinnsel, sie mußte das Kunstwerk schützen, für flüssiges Blut sorgen, das sacht ohne Reibung, erfrischt von den Lungen in die linke Herzkammer floß.

Ella gab ihm im Zweifelsfall eine viertel Tablette Marcumar mehr. Wie sein Blut es dennoch schaffte zu klumpen, zu gerinnen, blieb ein Rätsel, ein unlösbares, ein falsch gestelltes, das konnte nicht geschehen, eigentlich nicht, es geschah in der Nacht.

Sie schlief in Manuels Zimmer, hatte ihn wieder in das Gitterbett gelegt, denn hinausfallen durfte er nicht. Drei Tage lang war sie glücklich gewesen, weil sie ihn abends ohne blaue Flecken fand, keine inneren Blutungen, drei Tage lang, und sie hatte nicht unterdosiert, die Quickwerte gründlich studiert, nicht zu wenig Marcumar gegeben, sie hatte nicht unterdosiert, sie hatte gesungen, Weihnachtslieder, aber mitten in der Nacht hörte Manuel auf zu ticken.

Ella erwachte von einem Geräusch, das ausblieb. Erst nur fröstelnd befremdet, saß sie lauschend im Bett - dann die Panik, sie klopfte das Pochen, das fehlte, mit dem Fingernagel auf den Nachttisch, um das andere wieder in Gang zu bringen?, geht das?, sie hielt inne, lauschte, klopfte schneller, rasend wie das eigene Herz. Dann kniete sie zitternd vor den Gitterstäben, er schlief, aber unruhig - und lautlos, als sei nichts Künstliches in seinem Körper. Gern hätte sie an ein Wunder geglaubt, aber Wunder gab es nur in Märchen, und selbst die endeten mit: Und wenn sie nicht... wenn ... wenn ...
Sie rief die Klinik an.

Weihnachten, als Georg kam, mußte er Manuel vorsichtig anfassen, durfte ihn nicht in die Luft werfen wie David, obwohl er bittend die Arme hochreckte, ein Blutgerinnsel auf den Häkchen blockierte die künstliche Herzklappe, die nicht mehr vollständig schloß und nicht vollständig aufging, darum nicht mehr tickte. Wenn sich der Thrombus löste, bestand akute Emboliegefahr. Trotzdem wollten die Ärzte keine Operation riskieren, im nächsten Jahr vielleicht, im übernächsten, was von nun an - lautlos - in Manuel tickte, war eine Zeitbombe.

Damals beschloß Ella, jeglichen Hinweis auf Tod abzuschaffen, solange Manuel lebte. Georg durfte ihm die russischen Märchenbücher nicht geben, die er mitgebracht hatte, weil darin sogar der unsterbliche Koschtschej starb. Schon vor seiner Ankunft hatte Ella alle Märchenbücher weggeschafft, auch Davids Tonbandkassetten von den sieben Geißlein und Rotkäppchen, Barbara war einverstanden und ließ ähnliches aus Nataschas Beständen verschwinden, der zeitweilige Robert war nicht zurückgekehrt und Barbara versprach, sich bei der Auswahl ihrer Zeitweiligen den neuen Bestimmungen der Wohnung anzupassen, und sich auf keinen Mann einzulassen, der gar zu eng mit Benno Ohnesorg befreundet gewesen war. Sie stand in ihrem Zimmer in einem bodenlangen, weiten Kattunkleid mit Engelsärmeln, das war hellgelb und zwei riesige blausilber-

ne Paisley-Tropfen fielen klappsymmetrisch von den Schultern zum Saum, zwei schlanke Sprechblasen, stereophon.
Sie holte weit aus mit den Engelsärmeln und verkündete: „Keiner, der unaufhörlich Bennos Tod bejammert, kommt jemals wieder hier rein!"
Die Größe ihrer Geste ließ es offen, ob sie dabei durch die Wohnung oder auf ihren Bauch zeigte.
In Georgs Arbeitszimmer hatte Ella das Foto von seinen Eltern entfernt, während sie den Guevara, obgleich er nicht weniger tot war, an der Tür hängen ließ. Einen solchen Konflikt wollte sie mit Barbara nicht riskieren.
Ella schaute sich den katholischen Kindergarten an, aber sie stieß mit ihrem Wunsch, jegliche Erwähnung eines jeden Todes zu vermeiden, dort auf Ablehnung, allein ihre Forderung, man müsse natürlich die Kreuze an den Wänden durch solche ohne Korpus ersetzen, wurde ohne Diskussion zurückgewiesen. Als sie ging, lief ihr eine der Erzieherinnen nach, eine Nonne, holte sie ein an der Tür, griff ihre Hand, schaute sie an, bittend, geradezu flehend, sagte: „Tun Sie das nicht. Lassen Sie das Kind doch etwas, etwas leben, solange sein kleiner Körper es leben läßt..."
Ella entzog ihr die Hand, Sektierer, dachte sie, dann aber sagte Georg auch:
„Das geht nicht."
Es war der 4. Advent. Die Kinder schliefen. Bunte Sterne hingen an den Fensterscheiben.
„Das kann man nicht durchhalten", sagte Georg. „Und ich möchte das Foto von meinen Eltern wieder aufhängen."
„Du bist egozentrisch", sagte Ella, „und du bist ja weit weg, du hast nicht dauernd ein sterbendes Kind im Arm -"
„Das Foto", forderte Georg, „das geht nicht, das kann man nicht machen -"
„...du bist so weit weg und wenn du nur deine Brücken bauen kannst ..."
„ - von meinen Eltern", sagte Georg, „das Foto, ich möchte es wieder aufhängen."
Aber er nahm es dann mit in die Ukraine, denn Ella fand begeisterte Zustimmung im Kinderladen.
Georg gab nach, versprach auch, mit den Kindern nicht

mehr über den Friedhof zu gehen. Er konnte nicht bleiben, er mußte Ella allein lassen. In den zwei Wochen, die er daheim war, sah er, daß sie nur einen Gedanken verfolgen, nur eine Tätigkeit zielsicher ausführen konnte: Sie blätterte das Märchenbuch durch und schrieb auf eine Liste, welche Märchen sie Manuel vorlesen würde, außer dem „Süßen Brei" blieb nicht viel übrig. Sie versteckte das Bilderbuch mit der Geschichte von dem „Mädchen mit den Schwefelhölzern", das David liebte, besonders im Winter, folglich vermißte. Sie ließ Georg den Fernseher ins Schlafzimmer tragen, Fernsehen sei ohnehin nicht gut für Kinder. Sie rief eine Freundin an und fragte, wie alt Wellensittiche würden, so im Durchschnitt und sie wirkte erleichtert, als sie erfuhr, daß der Vogel Manuel wahrscheinlich überleben würde. Als sie sagte: „David ist ein Problem. David ist die am schwersten zu eliminierende Gefahrenquelle...", da drehte Georg sich um und ging aus dem Zimmer.

Sie hob Manuel vom Flokati, stellte ihn auf den Kiefernholztisch, streichelte ihn, nahm ihn in die Arme und legte ein Ohr an seine Brust, lauschte, ob er nicht doch vielleicht wieder tickte, unschlüssig, ob sie es hoffen sollte oder fürchten, er tickte nicht. Sie war versucht, ihn zu schütteln, wie man die Figur einer Spieluhr schüttelt, wie man so einem kleinen mechanischen Trommler, einem unsterblichen, der die Stunden schlägt, den Rost auf den Spiralfedern lockert, den Sand von den Zahnrädern klopft, das Blutgerinnsel von den Häkchen der Herzklappe, aber Manuel mußte husten, er schüttelte sich selber, sie ließ ihn los, erschrocken, er zuckte, als seien die Rädchen und Spiralen in der Spieluhr durchgedreht und übergeschnappt, er hatte aber keine Blechfiguraugen, sondern welche, die sehen, und er sah ihr Entsetzen, er hielt die Luft an, drückte die Faust auf den Mund.

Als Georg zurückkam, hatte sie seinen Pelzmantel, den David so gerne streichelte, in den Koffer gepackt, zu groß war die Gefahr, daß Manuel das Bindeglied zwischen dem Fell ihrer Katze und diesem Mantel finden könnte. Ihre Pelzmütze verschwand zwischen den ausrangierten Märchenbüchern und einem alten Familienalbum mit Bildern von ihrem Vater, der war tot.

Im Schlafzimmer sammelte sie all dies, Todesmüll, stapelte es um die graue Mattscheibe des Fernsehers, diese tückischste, unberechenbare Fläche.

„Er soll glücklich sein und keine Angst haben. Je stärker er ist, desto größer ist seine Chance. Darum soll er nicht wissen, was ... nie..."

„Und wenn er - wenn er doch - er ist gefährdet - wenn er doch....", meinte Georg.

„Dann erst recht nicht – nie!"

„Und wenn deine Mutter..."

Ella zuckte zusammen. Ihre Mutter war ebenso krank.

Georg ging, weil er nicht bleiben konnte.

Im Kinderladen übten sie neue Spiele und tauschten Bilderbücher aus. Ende Februar sollte Manuel kommen. Bis dahin mußte das „Ich-schieß-dich-tot-Spiel" ersetzt sein durch „Der-Fuchs-geht-um". Die Frauen erinnerten sich an Spiele ihrer Kindheit, und seltsamerweise schienen die den Kindern zu gefallen.

David war wieder in der Schule, Barbara hatte in Westdeutschland einen zeitweiligen Manfred getroffen und würde ein paar Monate später kommen, Ella war noch einmal für ein paar Wochen mit Manuel allein.

Er saß auf dem Flokati und weil er merkte, daß er husten mußte, versuchte er ganz flach zu atmen und die Luft anzuhalten und als er das nicht mehr schaffte, drückte er die Faust auf den Mund, aber der Husten brach aus seiner Lunge, dabei spuckte er Blut, das wischte er mit dem Arm ab und krempelte den Ärmel hoch, bis man den Blutfleck nicht mehr sah. Dann spielte er weiter. Er hatte Davids Holzeisenbahn bekommen.

Im Kinderladen klatschten inzwischen die Kinder und riefen: „Morgen wolln wir Lämmlein schlachten!"

„Das geht auch nicht", sagte eine der Frauen.

Ella fing an, das Berliner Zimmer zu hassen. Wie sie durch

die Türen ging, so hin und her, ohne sie jemals ganz aufzuklappen oder ganz zuzuschlagen wie die Pendelblutmenge in Manuels linker Herzkammer, als hätte er sich infiziert an diesem Zimmer, das Türen in alle Richtungen hatte, von denen keine nach außen führte. Sie hatte so etwas wie ein Schuldgefühl, wenn sie ihn auf dem Flokati sitzen sah, weil sie ihn in diesem Zwischenraum hatte spielen lassen, was natürlich unsinnig war, Innenarchitektur ist nicht ansteckend, sagte sie sich, aber es bedrückte sie trotzdem.

Sie wollte für David eine Weste nähen, hatte die Nähmaschine wieder in Georgs Zimmer getragen, schnitt den Stoff in der Küche, ein samtiger Feinkord mit einem bunten Kindermuster, dunkelblau grundfarben, darauf Häuser und Tiere und Bäume, sie legte rechte Seite auf rechte Seite und schauderte vor der Abseite. Daß sie „Abseite" sagte und nicht mehr „linke Seite", war eine Forderung von Barbara gewesen, die einigermaßen scharf reagiert hatte auf ‚diese reaktionäre Sprachgebung', rechts zu nennen, was richtig und bunt war und links die blasse Rückseite, die falsche, die man verborgen trug.

Ella tat keinen Schnitt, starrte auf die Abseite, stand zitternd vor dem matten Abklatsch des bunten Drucks, der nur finster war und stumpf, und sie wußte doch von dem Leuchtenden auf der anderen Seite, es schien ja auch durch wie die Erinnerung an etwas oder die Sehnsucht danach, was wollte sie da zusammennähen für David, ihr Kind, das gesund bleiben sollte, was würde er tragen auf seiner Haut? Sie räumte den Stoff weg, stand dann lange in der Küchentür, schaute auf Manuel und dachte, ob da vielleicht einer gerechnet hätte, ihr zusammengerechnet, wie lange man ein Kind trägt, mehr als neun Monate kriegt man nicht, und zweieinhalb Monate hatte sie ein anderes getragen, die Entscheidung dagegen war ihr schwer gefallen, und die zweieinhalb Monate war Manuel zu früh geboren, die fehlten ihm, die Wochen, in denen das Loch in der Scheidewand zwischen den Herzkammern sich geschlossen hätte, wer hat da gerechnet?, und ohne Gerechtigkeit, Natascha zum Beispiel hatte ihre neun Monate in Barbaras Bauch bleiben dürfen, da waren die beiden anderen, die mal für

kurze Zeit darin gewesen waren, offenbar nicht verrechnet worden, ist das gerecht?
Am Abend, als sie Manuel ins Bett brachte, fand sie den Blutfleck am Ärmel des Pullis. Manuel guckte ganz schnell weg. Da sah er an der Innenseite seines Oberschenkels einen blauen Fleck, er preßte die Beine zusammen und schlüpfte, während der Pulli in Ellas Händen zitterte, in seine Schlafanzughose.
Als ihre Mutter kam, trug sie eine Mütze. Sie hatte keine Haare, aber viele Mützen, einige sehr bunt. Zu dritt saßen sie auf dem Flokati, David, Manuel und die Oma und tauschten die Mützen, reichten sie ganz schnell rund, zogen sie tief über die Ohren, lachten alle drei.
„Komm doch auch!" rief Manuel.
Ella setzt sich dazu. Nun rannten die Mützen im Viereck. Danach waren sie alle völlig verstrubbelt und mußten gekämmt werden, nur die Oma nicht.
„Du hast es gut", sagte David.
Ella verlangte das Bilderbuch zu sehen, das die Mutter Manuel schenken wollte. Es war in Ordnung, das Märchen vom Kaiser von China und dem Hahn: kein Kampf, keine Krankheit, keine Hinrichtung, kein Unfall, kein Feuer, keine Altersschwäche.
„Danke", sagte Ella.
„Du wolltest es so", sagte ihre Mutter.
An Manuels Geburtstag dachte Ella: Es könnte sein letzter sein.

In dieser Woche sollte er in den Kinderladen gehen. Dort stellte man um auf vegetarische Kinderreime. Kleine Hände klatschten: „Safran macht den Kuchen geil!"
„Gehl!", sagte eine der Frauen.
„Was?", fragte eine andere.

Ella deckte den Frühstückstisch im Wohnzimmer. David zählte die Kerzen.
„Vier", sagt er, „weil du vier wirst."
„Und die große?" fragte Manuel. „Da ist noch eine große."
„Das ist das Lebenslicht", sagte David.

Ella glitt die Milchkanne aus den Händen, und ihre Mutter sagte laut, gefährlich laut: „Darf man jetzt auch nicht mehr 'Leben' sagen?"

Ella zieht ihr Programm ‚Es gibt keinen Tod' gnadenlos durch, obwohl sie merken müßte, dass Leben für Manuel ohne Tod immer unverständlicher wird. So wird vor seinen Augen eine Katze überfahren, er bekommt das nur halb mit, denn schon hat die Mutter ihn umgedreht, aber verarbeiten kann er dieses Bild nicht. Wichtig wird für ihn jenes Bilderbuch, das er von der Oma bekommt. Auf dessen letzter Seite steht der Kaiser von China staunend und sagt nur: „O." Manuel lernt ‚o' lesen. Er sammelt Wörter mit ‚o', ‚rot' erkennt er schon und ‚toll'. Er wird das Wort finden, das seine Mutter ihm entzogen hat, hofft die Oma, das Bindewort zum Verstehen des Lebens.

Er findet es nicht. Daß ihm dieses Wort fehlt, löst letztlich die Katastrophe aus.

Also

Das Pendel schwingt.
Es verspricht mir sechs Jahre.
Nicht dass ich ihm glaube oder nicht,
ein Jahr mehr,
ein Jahr weniger,
das ändert doch nichts.

Also,
weitermachen,
Ja sagen,
Nein sagen,
um dazwischen zu tanzen.

Resümee

Die Tage,
gestern, heute, morgen,
ein Jetzt, das dauert.

Das Leben:
plötzlich geboren, plötzlich erwachsen,
plötzlich ein Greis.

Der Mensch,
ein Gedanke,
Körper geworden,

denkt:
Also bin ich!

Der Tod,
nie sichtbar, nur immer schon da,
nur immer schon da.

Seelenlandschaft

Körperwände durchbrechen
mit Worten.

Nichtfassbares fassen
in Worte.

Auch hier,
Himmel und Erde,

Feuer und
Eis,

Wortträume,
Stimmen,

Herzschlag im Takt:

Ich habe dich
immer geliebt,
immer geliebt.

Gesegnet,
unsterbliche Flur.

Schlaf

Ein Raum
der Barmherzigkeit.
Hier ist alles versammelt:
Gegenden,
Menschen,
Freunde, Feinde,
auch die Toten.

Die silberne Nabelschnur
lässt dich da tanzen.
Nicht mehr und nicht weniger.

Sein

Verloren
hinter dieser Maske,
hinter diesem lächelnden Mund,
der Ich sagt und mich meint,
sich fürchtet und schlaflose Nächte
im Suchen verbringt,
im vergangenen Leben stöbert,
als ob da etwas zu finden wäre,
als ob es so wichtig wäre
was ich war,
was ich bleiben werde
jetzt und immerfort.
Wo nichts ist,
ist Nichts.
Sein.

September

Abschiedsflug der Schwalben,
bunte Segel der Astern
sind nur Zeichen.

Fliegende Spinngewebe
versuchen noch alles zu flicken,
was nicht mehr zu flicken ist.

Mild ist die Sonne
wie der Mutter Blick,
auch in der Entfernung so mild.

Abschied nehmen, wissend,
damit kannst du leben,
damit kannst du sterben,

beides ist gleich.

WALTER NEUMANN
Gespräch im OBI

„die horen" 220. 4/2005

Gehe ich zu OBI, Werkzeug kaufen, und wen treffe ich da? Bettina!
Hallo Bettina, sage ich, wie schön dich wiederzusehen, nach so langer Zeit!
Ja, sagt sie, schön, sehr schön, ich dachte schon, du seiest gestorben.
Ich verkneife mir die Bemerkung, daß sie mir dann ja längst begegnet wäre, und beteuere noch einmal, wie sehr ich mich freue. Und was machst du hier im OBI?
Hab dem Arnim einen Spaten und eine Hacke gekauft. Er braucht sie zum Beackern seines Wiepersdorf, wo ich, wie du weißt, nicht gerne bin, weil es da erzlangweilig ist.
Aber der Arnim ist doch tot! Wozu da noch Geräte?
Vergiß bitte nicht, daß ich auch tot bin und wir trotzdem quickmunter miteinander reden.
Recht hast du, sage ich, und sie fragt, wie es mir geht.
Schlecht, lege ich los, das kannst du mir glauben! Seit ich diesen Brief bekommen habe. Was hat er sich eigentlich dabei gedacht, gerade jetzt, wo die deutsche Welt seinen Tod bejubelt, mir sein in Schmierschrift hingesudeltes Pamphlet zu schicken? Wie hat er es überhaupt geschafft aus der Gruft zu entweichen, sich das Original zu besorgen, es zu kopieren und wieder an Ort und Stelle zurückzubringen? Und wie ist er auf die Post gelangt, und woher hatte er die einsfünfundvierzig Euro für das Porto und mindestens fünfzig Cent für den Umschlag? Gestohlen vielleicht? Und meine Anschrift – wie ist er an die gekommen? Warum ausgerechnet ich? Was mutet er mir zu?
Nu mal langsam! Wovon redest du überhaupt?
Und schickt mir dieses unglaubliche Zeug!
Wer? Das frag ich dich jetzt schon zum zweiten Mal.
Der Schiller natürlich, wer sonst! Ich hab dir doch gesagt, daß die Welt seinen zweihundertsten Tod bejubelt.
Todestag, willst du sagen.

Dein Clemens hat von ihm geschwärmt, von seiner menschliche Größe und seinem Edelmut, aber du wolltest nichts davon wissen. Du hattest anderes im Kopf, dein Veilchen, deine jüdische Freundin, der du beim Sticken halfst und deshalb gerügt wurdest, auch vom Clemens.
Woher weißt du denn das nun wieder?
Das steht doch in deinem Briefwechsel mit Clemens. Und der Varnhagen hatte schon recht, als er dich eine tapfere Frau nannte. Sage mir nur gradeheraus, was du von diesem Erguß hältst!
Von welchem Erguß? Nun rede doch endlich Klartext!
Den er mir geschickt hat.
Wer hat dir was geschickt?
Der Schiller. Der Herr von Schiller. Das habe ich dir doch eben erzählt.
Aber der ist doch tot. Du hast doch selbst gesagt, sie feiern seinen Tod.
Bist du denn nicht auch tot? Und redest quickmunter mit mir. Totsein ist offenbar kein Hindernis auf die Post zu gehen und einen Brief abzuschicken.
Ja, ja, hast schon recht. Und wat isses denn nu?
Ein nicht zu Ende gebrachter Text, in dem soviel Nationalhasserisches auf die Franken und die Britten und soviel Größenwahnsinniges über die Deutschen steht, daß man an seinem Verstand zweifeln muß!
Nationalhasserisch ist falsches Deutsch! So sollst du nicht reden! Im übrigen interessiert mich der Schiller nicht! Bettina!
Nein! Nachdem man mir berichtet hat, wie die Schlegels und die Veit bei der Lektüre der Glocke vor Lachen unter den Tisch gefallen sind, hab ich mir geschworen: niemals etwas von Schiller!
Und ich habe gedacht, gerade mit dir könnte ich darüber reden! Komm, laß uns wenigstens eine Tasse Kaffee trinken. Fünf Minuten Zeit wirst du doch für mich übrig haben!
Für dich immer, aber nicht für den Schiller!
Dann eben für mich. Bitte!
Aber Kaffee trinke ich nicht! Also, wat isses nu echt?

Schön, sage ich, daß du deinen Widerstand aufgibst. Aber bitte, berlinere nicht wieder, laß uns wie normale Leute sprechen.
Jut! D'accord!
Also, es ist ein Gedicht, nein, der Entwurf eines Gedichts, von achtzehnhunderteins.
Da hat der Clemens mich geliebt!
Das spielt jetzt keine Rolle.
Liebe spielt immer eine Rolle!
OK Bettina, aber höre trotzdem fünf Minuten zu!
Ich hör ja schon. Was hast du eben gesagt? Oh geh?
OK, das heißt soviel wie ja, ja, in Ordnung, und wurde irgendwann aus Amerika importiert.
Da war ich bestimmt schon tot. Also?
Also ein Herr Suphan hat diesen Entwurf hundert Jahre später ans Licht gezogen und ihn DEUTSCHE GRÖßE genannt.
Erstens kenne ich Herrn Suphan nicht.
Natürlich nicht. Wie du gesagt hast: Da warst du ja schon tot.
Und Zweitens, was ist schon dabei? Ist doch alles Schnee von gestern, von vorgestern, wie ihr heute sagt. Zu meiner Zeit sagte man sowas nicht.
Bettina, vielleicht könntest du deine Geräte nicht immerzu auf den Boden stampfen. Das nervt!
Auch so'n Ausdruck, den es zu meiner Zeit nicht gab. Aber nu red schon!
Also: da fragt der Herr von Schiller in diesem Gedicht, ob DER DEUTSCHE, WO ER RUHMLOS AUS SEINEM TRÄNENVOLLEN KRIEGE GEHT, WO ZWEI ÜBERMÜTIGE VÖLKER IHREN FUSS AUF SEINEN NACKEN SETZEN, ob also dieser Deutsche SICH SEINES NAMENS RÜHMEN darf und mit SELBSTGEFÜHL AUFTRETEN IN DER VÖLKER REIHE? Und setzt noch eins drauf: JA, ER DARFS! So steht es wörtlich da, und die übermütigen Völker, das sind die Franzosen und die Briten, die er immer mit Doppel-T schreibt und aufs Korn nimmt als Räuber, die Schätze anderer Länder auf ihrer Insel anhäufen. Ver-

stehst du, warum ich nationalhasserisch gesagt habe? Und wenn es falsches Deutsch ist: Ich habe nur ein Wort deines alten Freundes Goethe passend gemacht, den Nationalhaß also, von dem er zu Eckermann sagte: Auf der untersten Stufe der Kultur werden Sie ihn immer am stärksten finden. Wie findest du das? Der Schiller auf der untersten Stufe der Kultur!
Jetzt stieß Bettina Hacke und Spaten so hart auf den Boden, daß es ein kreischendes Geräusch gab und ich erschrak. Mir reicht's!, sagte sie mit scharfer Stimme. Da bringst du auch noch den Eckermann an, den ich nie leiden konnte, und willst mich in politische Spekulationen verwickeln, wo ich schon genug mit meinem König zu tun hatte! Aber begreifst du denn nicht, was das für ein Wasser auf welche Mühlen ist, wenn der Herr von Schiller Sätze wie UNSERE SPRACHE WIRD DIE WELT BEHERRSCHEN losläßt? Nachdem wir nicht nur damals – du weißt, von welcher Zeit ich rede – immerzu singen mußten „Heute gehört uns Deutschland und morgen die ganze Welt", sondern auch jetzt noch, mehr als ein halbes Jahrhundert danach, dieser Wahnsinn in vielen Köpfen herumspukt.
Ich versteh kein Wort!
Ja, hast du denn vergessen, was der Deutsche, den der Herr von Schiller so hoch in den Himmel hebt, angerichtet hat in der Welt? Und hast du vergessen, daß sie dir dein jüdisches Veilchen wegnehmen wollten? Damals schon! Und wie du dich dagegen gewehrt hast?
Lieber, sagte sie plötzlich mit sanfter Stimme, du hast wirklich vergessen, daß ich tot bin!
So tot kannst du gar nicht sein, wenn du hier im OBI herumläufst und Geräte für deinen Arnim kaufst!
Du hast recht. Ich bin viel zu tot um hier mit Hacke und Spaten herumzulaufen. Nimm sie, ich schenke sie dir. Du hast sicherlich in allem recht. Auch, wenn du dich über den Schiller aufregst. Lebte ich, würde ich mich auch aufregen und Briefe an den König schreiben, daß er den Schiller wegen Volksverhetzung ins Gefängnis sperrt.
Es gibt keinen König!

Siehst du, ich bin wirklich außer der Zeit. Lebe wohl, mein Lieber, ich geh zu meinem Arnim.
Bettina!
Da stand ich nun, Arnims Spaten und Hacke in den Händen, und zu Hause lag der Wisch, sechs Seiten lang, und ich war so schlau wie zuvor und hatte keinen Schimmer, ob er mir den Text geschickt hatte, damit ich ihn verbreite, weil ihm der ganze demokratisch-globalistische Kram von heute nicht paßt oder er gar die Rechtsradikalen unterstützen wollte, oder ob das bloß ein Jux sein sollte und er mich als Versuchskaninchen ausersehen hatte, wie so ein Gag wohl ankäme.
Bettina, deren Vernunft nicht nur den Varnhagen, sondern auch den König bezirzte, hätte mir helfen können, mich in diesem Labyrinth zurechtzufinden. Aber sie zieht sich einfach raus, sie sei ja tot. Mir reicht's jetzt auch. Auf die Toten ist kein Verlaß! Zurückschicken, denke ich, einfach zurückschicken den Wisch, egal, ob er ankommt oder nicht!

PETER RENZ
Unter Wasser

Adrian kauerte zitternd am Wasser. Er wirkte gespenstisch dürr. Um ihn herum lärmten Scharen von Kindern, spritzten sich an, tauchten ins seichte Uferwasser, planschten und gurgelten voller Lebenslust. Adrian kauerte auf dem feuchten Gras, die Knie gegen die Brust gestützt, den Kopf zwischen den Waden und pulte mit den Fingern zwischen seinen Zehen. Josef schwamm in seiner Nähe; der Roßweiher war fast lauwarm, nur in der Tiefe draußen gab es kühlere Strömungen. Der Himmel strotzte vor Zuversicht. Josef hätte sich wohl fühlen können, die Ferien hatten begonnen, weder Studenten noch die Kollegen der Fakultät verlangten nach ihm, Nita blieb ahnungslos, war entspannt, richtete sich auf Urlaub zuhause ein, alles schien friedlich.
Josef schwamm auf dem Rücken. Er fühlte sich irgendwie im Recht, wenn er Nita hinterging. Sie hatte es nicht anders verdient. Nicht aus Rache, nein, Rache war ein zu großes Wort. Es war eher Genugtuung, die er seit den vergangenen Wochen empfand. Er spürte immer mehr, wie ihm aus der Beziehung zu Sabeth eine Art von Leben zufloss, das er schon fast nicht mehr gekannt hatte. Das wollte er nicht mehr verlieren. So lebendig würde er sich nie mehr fühlen, das spürte er. Auch wenn sie keine Chance hatten, dieses geheime Leben neben Nita her endlos fortzuführen. Es war aussichtslos. Aber er dachte an jetzt, an dieses immer wieder wie eine höhere Wirklichkeit gegenwärtige Jetzt zusammen mit Sabeth, vor dem jeder Gedanke an Zukunft lächerlich erschien.
Josef tauchte. Er wollte diesen Gedanken nicht zuende denken. Bald würde Sabeth zum Roßweiher kommen, sie hatten sich lose verabredet. Zunächst war Adrian mit ins Wasser gegangen. Aus Gewohnheit wahrscheinlich. Bis zu den Hüftknochen stand er in den leise plätschernden Wellen, die Arme hochgehoben, damit sie nicht feucht wurden. Und auf einmal, so als habe ihn beim Anblick der vom leichten Wind gekräuselten Oberfläche des Wassers eine

grundlose Furcht ergriffen, war er ans Ufer geeilt. Jetzt saß er schon eine halbe Stunde dort draußen und schien den Blick nicht mehr von seinen Zehen nehmen zu wollen.
Im vergangenen Jahr hatte sich der Junge schon fast bis ins tiefe Wasser hinausgewagt, war mit Schwimmring und aufblasbaren Flügeln an den Oberarmen wie ein munteres Insekt herumgepaddelt. Nun plötzlich diese Wasserscheu. Kein noch so verständnisvoll ausgeklügelter Überredungsversuch konnte ihn mehr hineinbewegen.
Josef verlor die Geduld, er kam zum Ufer zurück und setzte sich neben Adrian ins Gras.
Frierst du?
Nein, ich zittere bloß, sagte Adrian und nahm sein Gesicht hoch.
Was ist denn los mit dir?
Adrian zuckte mit den Schultern.
Probleme?, fragte Josef kumpelhaft.
Adrian schaute ihm ins Gesicht. Seine Wimpern waren auffallend lang, die Augäpfel groß, bei einer konzentrierten Anstrengung des Blickes fast ein wenig stierend. Es waren Nitas Augen.
Ich verstehe dich nicht, sagte Josef. Du bist doch sonst nicht so.
Es ist auch alles anders geworden, sagte Adrian.
Was meinst du mit alles?, fragte Josef.
Das Leben, irgendwie, sagte Adrian.
Schwierigkeiten mit der Schule?
Adrian sah ihn wieder an, mit seinen Nita-Augen. Er lächelte fast.
Nein. Unser Leben. Wir sind keine Familie mehr.
Josef versuchte ein überraschtes Lachen.
Du weißt schon, was ich meine, sagte Adrian. Ich fühl das.
Du fühlst was?
Seit Anfang der Ferien. Es ist, sagte Adrian, als ob wir nicht mehr in echt zusammenleben würden.
Josef bemühte sich um einen beruhigenden Ton. Schwierigkeiten, Probleme, das komme überall vor. Er streichelte Adrian an den knochigen Schulterblättern und schämte sich.
So ist das Leben halt.

Du brauchst mich nicht trösten, sagte Adrian, es hilft ja nichts.
Er bohrte wieder zwischen den Zehen herum, es schien, als wolle er sich verletzen, sich mit aller Gewalt verstümmeln. Nie mehr gehen können, dableiben und alles ertragen. Adrian wirkte absolut ernst. So war er selbst, Josef, wohl nie gewesen. Auch wenn ihm einiges vertraut vorkam. Alte Fotografien, auf denen Josef diesen Eindruck einer zutiefst ernsten Seele erweckte. Als kleiner Junge. Auf blitzenden Fahrrädern. Und doch immer wieder dieser untröstliche Ernst.
Hatte ihm irgendwer geholfen? Die Mutter? Es stellte sich keine Erinnerung ein. Nur scheinbares Aufgehobensein in einem Zustand der Angst vor dem Unergründlichen. Adrian schien sich vor etwas zu fürchten, das er selbst nicht auszusprechen wagte oder vermochte. Alte Fotografien. Das Wasser. Es plätscherte seicht an die Knöchel. Um sie her tummelten sich Kinder, die ihre Unbefangenheit nicht spielen mussten. Josef hatte Adrian noch nie so erlebt. Nicht in den schlimmsten Augenblicken ihrer bisherigen Geschichte. Es war, als werde ihm jetzt erst bewusst, was es heißen konnte, Vater eines Sohnes zu sein. Er verstand noch nichts, aber er ahnte, dass es da eine Stelle in ihm gab, die angefordert wurde und nicht antworten konnte. Er blickte auf ihn hinab und er spürte, dieser nun fast elfjährige Junge hatte etwas mit ihm zu tun wie sonst niemand. Natürlich, im Kopf war das schon immer klar, was es hieß, Verantwortung, Fürsorge, das Zusammenleben von Eltern und Kind. Es ging um ein Gefühl, ein undefinierbares Etwas, das in ihm steckte und sich auf eine Stelle in Josef bezog, wie sich nichts sonst auf ihn beziehen konnte. Und nun verlangte dieses Kind eine Antwort, die nur diese unbesetzte Stelle in Josef geben konnte.
Es hilft auch nichts, so zu tun, als gäbe es keine Hoffnung, sagte Josef. Er wusste gleich, dass er nicht zu verstehen war und korrigierte sich: Ich will sagen, du brauchst dir keine Sorgen machen. Ich werde dich nicht zwingen. Man kann nicht alles sofort beherrschen. Schwimmen, ich denke, man lernt das von selbst. Irgendwie.

Ich wünsch mir nur, dass die Familie zusammenbleibt, sagte Adrian.
Aber sicher, meinte Josef. Es gibt nichts Wichtigeres. Wir bleiben zusammen.
Adrian sah ihn an wie aus einer anderen Welt.
Gemeinsam gingen sie zum Liegeplatz zurück, einer abgemähten Wiese, die von hohem Schilf gesäumt wurde, das sich im leichten Wind bewegte. Hierher drangen die Geräusche des Wassers, der ausgelassenen Kinder nur wie von ferne. Über ihnen ein strahlender Himmel.
Josef las noch einmal seine Notizen zu Hegels Darstellung des „zerrissenen Bewusstseins", welches sich von aller Rücksicht auf die Idee der Aufrichtigkeit freigemacht hatte. Rameaus Neffe. Hegels verächtliche Ablehnung der Vision vom Betreten der „lieblichen Residenzen des Lebens" beruhigte ihn. Adrian nagte an einem Apfel und schmökerte in Comics. Er schien nicht mehr zu frieren.

Erst spürte Josef nur den Schatten auf seinem Rücken. Als er sich umblickte, sah er Sabeth, die ihr Badetuch neben ihn legte und sich darauf niederließ. Adrian sah nur wie zufällig auf von seinem Comic-Heft und blickte dann in die sanft vom Wind bewegten Binsenhalme. Josef bemühte sich, das Eintreffen von Sabeth wie einen Zufall erscheinen zu lassen. Er hatte das Gefühl, es sei ihm gelungen. Nun lagen sie nebeneinander, plauderten; Josef war eher nicht zum Plaudern aufgelegt, Adrians Bemerkungen hatten ihn mehr getroffen, als er zunächst angenommen hatte. Immer wieder ging ihm das Bild der zerbrechenden Familie durch den Kopf, und dass Hegels Verachtung des „ehrlichen Bewusstseins" möglicherweise nur der Ausdruck der Verzweiflung darüber war, den naiven Stand der Seele für immer verloren zu haben, wie Oscar Wilde, wie Nietzsche, deren Denken ihn gleichermaßen anzog und erschreckte, ein verrückter Zustand, dem er sich am liebsten widerstandslos überlassen hätte.
Er wirkte aufgekratzt, Sabeth schien ihn nicht verstehen zu wollen, sie kam mit ihren Bemerkungen und Andeutungen immer gefährlich nahe an jene Vertrautheit heran, von der

Adrian auf keinen Fall etwas erfahren durfte. Wie lange war das durchzuhalten?
Sabeth fragte Adrian, wie weit er schon hinausschwimmen könne. Das klang, wie von Josef instruiert. Adrian überlegte. Er sei heute verzagt, wisse selbst nicht, woher das komme. Das Wasser sei ihm zu tief, zu kalt, zu wenig vertraut. Verzagt! Dass sein Sohn solche Wörter verwendete, hatte etwas Beschämendes. Zum ersten Mal, seit sie sich kannten, wünschte sich Josef, Sabeth nicht getroffen zu haben. Nicht an diesem Nachmittag. Gleichzeitig spürte er einen Kitzel, in diesem Augenblick alles offen zu legen, um das Spiel zu beenden, um endlich den Schauder zu spüren, der kommen musste, den Schauder der Enthüllung, den Blick dann von Adrian. Aber Josef schwieg. Es war besser zu schweigen. Sabeth schien Ähnliches zu fühlen. Sie sah Josef an mit einem Blick, der sagte: Ich muss unbedingt mit dir reden.
Josef erhob sich, erklärte Adrian etwas von Überhitzung, Abkühlung suchen... Adrian winkte ab, er habe zu lesen.

Neben Sabeth schwimmend, glitt Josef im Wasser wie ein Reptil. Sabeth schwieg, sie schien nur schwimmen zu wollen, ewig, gleichmäßig, ohne ein bestimmtes Ziel. Der Weiher war groß, ihn einmal zu durchqueren, würde alle Kraft kosten. Sie waren schon ziemlich weit draußen, als Sabeth ihre Bewegungen verlangsamte und zu Josef herankam.
Bernhard hat mich aus seiner Wohnung geworfen. Es war ein ziemlich scheußlicher Auftritt, sagte sie und machte dabei kleine Schwimmbewegungen.
Josef verstand nicht sofort, versuchte, schwimmend zu denken.
Ich hab es nicht mehr ausgehalten. Ich musste ihm die ganze Geschichte erzählen. Mit uns beiden, von Anfang an.
Josef schwamm langsamer. Seine Beine sanken in eiskalte Tiefen.
Sie wohne jetzt wieder bei ihren Eltern, vorübergehend zumindest.
Josef legte sein Gesicht ins Wasser und schob sich mit lan-

gen Zügen voran. Sollte er abtauchen? Noch hielt er die Augen geschlossen im Wasser, versuchte sich vorzustellen, wie Bernhard reagiert hatte, wie er Sabeth zur Tür drängte, vor Schmerzen wieder schreiend, wie in jener Nacht in der Seestraße, unversöhnlich, unfähig, noch ruhige Gedanken zu entwickeln, wie er sie schob, ihre wenigen Utensilien vor der Tür stapelte, sein Arm, der sie hinauswies, sein Blick, ein erschütternder Blick, nichts war da verächtlich, keine Spur von Lächerlichkeit gelang Josef, alles hatte den unbedingten Ernst des Endgültigen. Bernhard war der, der verloren hatte.

Josef kam wieder hoch, um Luft zu holen. Wasserperlen überm Gesicht, die blitzten, in der Ferne ein schwankendes Ufer, wolkenloser Himmel, nur seitlich in einiger Entfernung ging es, durch Schilf allerdings, auf ein näher gelegenes Uferstück.

Josef solle sich um Himmelswillen nicht unter Druck gesetzt fühlen durch diese Entscheidung. Sie habe einfach nicht anders handeln können. Sabeth drehte sich mit einer weichen Bewegung auf den Rücken, schwamm ruhig weiter: Die Trennung von Bernhard, ich hab das nie für möglich gehalten, aber sie war überfällig. Ich musste das tun. Ich kann nicht leben mit so einer Lüge.

Jetzt tauchte sie, nur kurz, aber Josef schien es einen Augenblick lang, als werde sie für immer verschwinden.

Dann kam sie wieder hoch und sprach weiter, so als sei ihr unter Wasser alles Wichtige noch eingefallen: Wir haben seit langem schon, eigentlich immer, wenn ich es recht bedenke, nur in einer Art Notgemeinschaft gelebt. Vielleicht glaube ich das auch nur, jetzt, wo es vorbei ist.

Josef hätte das alles lieber am Festland erfahren. Oder auf einem Boot. Ein Floß hätte auch genügt. Nur nicht so ungeschützt im Wasser. Mit Mühe gelang es ihm, den Rhythmus seiner Arm- und Beinschläge zu koordinieren. Er hatte das Gefühl, er müsse sich zwingen, noch weiter zu schwimmen. Diese selbstverständlichen Bewegungen, auf die er sonst nie mehr bewusst geachtet hatte, verlangten nun seine ganze Aufmerksamkeit. Arme, Beine, er versuchte, Sabeth im Schwimmen zu berühren, ihr zu zeigen, dass er sie fühle, dass ihm das alles sehr nahe ging, er nur nicht sprechen könne, nicht jetzt, nicht solange er sich über Wasser halten müsse, also hinüber, dort, er steuerte auf dieses Schilffeld zu, ein Ort, den er immer gemieden hatte, da er den Schlick, die Algen, Kleintiere, wie Egel oder schwimmende Blindschleichen, Frösche und Kaulquappen, die sich dort in Scharen herumtrieben, da er sie fürchtete, ja er hasste diesen Ort, diese Zwischenzone des Amphibischen, wo sich die Natur so ungestört entfalten konnte.

Aber jetzt war alles leichter, als weiter zu schwimmen und sich in der eigenen Atem- und Bewegungsmechanik zu verheddern, abzutauchen, für immer kraftlos in diese Schlingpflanzentiefe zu sinken, um alles zu vergessen. Er ruderte, versuchte eine Art Kraulstil, Sabeth folgte ihm, er schwamm voraus, fast besinnungslos jetzt, nur noch den festen Uferstreifen im Auge, strampelte durch das Schilf, schon im Schlick watend, spürte Steine, Moos, schlammiges Zeug unter den Fußsohlen, angeekelt rannte er, um endlich anzugelangen, endlich dort zu sein, wo eine federnde, feuchte Wiese sich knapp über die Wasserfläche erhob, ein kitzelnder Teppich, aber relativ fest und trocken, wo er sich niederlassen konnte, heftig atmend, dahockend wie Adrian zuvor, aber mit dem Blick auf Sabeth, die hinter ihm herkam, aus dem Schilfdickicht auftauchte mit festen Schritten, wiegend, ihr Körper eine ganz und gar überperlte Haut, ihr Bikini in Blau, der die Brüste nur mühsam fasste, Wasser flog von ihren Haaren, rann übers Gesicht, glitzernd, den Hals hinunter, über die Brüste, den braunen, glatten Bauch, am Nabel hinab zu diesem winzigen Dreieck aus blauem Tuch, an den Innenseiten der Schenkel entlang, bis sie bei ihm war, sich aufprustend neben ihn setzte, sich zurücklehnte, die Hände vor den Augen und nichts mehr sagte, nur still dalag, mit angezogenen Knien.

Josef sah in die Ferne, hinüber zum Badestrand, und ihm schien, als sehe er dort, winzig klein und bleich, Adrian stehen. Gleich darauf sprang seine weiße Gestalt durch die Kinderschar wie ein flatterndes Taschentuch und verschwand.

Nach einer Weile richtete sich Sabeth wieder auf, halb nur,

lehnte auf den nach hinten gestützten Ellbogen und sagte: Vielleicht bin ich verrückt. Aber ich will es so.

Josef beugte sich über sie, fiel auf sie herab, riss an den blauen Tüchern, als sei es das letzte Mal, unbeherrscht, voller abgründiger Angst und Sehnsucht und einer unbekannten Besessenheit. Es war ein gegenseitiges Begehren, das keinen Gedanken mehr zuließ, ein verzweifeltes in einander Hineinstürzen, als gäbe es tief unten im Ungewissen so etwas wie Halt.

Später lagen sie da, wie nach einer langen Reise. Josef wusste, dass sie sich niemals verlassen würden. Und es war auch unmöglich geworden, weiter so zusammenzuleben wie bisher. Der Ernst, mit dem er das dachte, war schmerzlich und irgendwie erhebend zugleich.

aus dem in Arbeit befindlichen Roman: Im Lauf der Zeit

PETER SALOMON

Sommerpause in der Bodenseemetropole

Als ich erwachte war es grau und naß,
Der Regen wird den ganzen Tag nicht enden.
Vorbei ist jetzt des Sommers loser Spaß,
Der Regen wird den ganzen Tag nicht enden.
Touristen schüren heut nicht meinen Haß,
Der Regen wird den ganzen Tag nicht enden.
Die Sonnenbader bleiben still und blaß,
Der Regen wird den ganzen Tag nicht enden.
Heut leb ich gern als schadenfrohes Aas,
Der Regen wird den ganzen Tag nicht enden.

Für meine Fans

Dieses Gedicht ist ein Dankeschön
Für meine Fans.
Die Fans haben es nicht verdient
Daß ich Super-Power-Dichtung mache
Und sie draußen stehen lasse.
Natürlich dürfen meine Fans
An meinem Dichter-Leben teilnehmen
Das sind wir als Promis
Unseren Fans schuldig.
Du darfst nie vergessen
Daß du Vorbildfunktion hast
Als Seher und Sänger
Hier am Kreativstandort Deutschland.
Es täte mir leid um die Fans
Die Eskapismus und Ratlosigkeit
Nicht wollen.

Dieses Dankeschön-Gedicht wird nicht
Im *Verlag zum toten Kind* erscheinen.
Kein Schutzumschlag aus Celanpapier!
Sie können es anklicken unter
www. dichtung-fuer-fans.wuerg.
Die besten deutschen Comedians
Stehen mir dort zur Seite. Es wird
Die ultimative Hallo-Lach-Show.
Als Homosexueller und Halbchinese
Will ich einfach ehrlich rüberkommen.
Danke Fans!

**Geburtstagscarmen
für den Meersburger Burgherrn
Vinzenz Naeßl-Doms
zum Fünfzigsten Geburtstag**

Die Meersburg ist ein grober Klotz
Der Salomon ein Hinterfotz.
Geschwind eilt er zur Burg hinauf
Und seufzt mit einem tiefen Schnauf.

Nun bin ich endlich da, ich dichter!
Die Burgfrau küßt ihm die Gesichter
Denn er hat nicht nur eins dabei
Sondern immer mindestens drei.

Das weiß auch Burgherr Naeßl-Doms
Er betet: Lieber Gott verschon uns
Vor dem Dichter Salomon
Schick uns lieber Werner Dürrson!

Den darf Julia gerne küssen
Denn der hat nur ein Gesicht.
Drei Gesichter küssen müssen
Ziemt sich einer Burgfrau nicht.

Habs verstanden, Vinzenz Naeßl!
Setz mich nie mehr in die Nesseln!
Komm nur noch mit ei'm Gesicht
Ist auf Meersburg Dichterpflicht –

zum 28.11.2005

Der Maler Helmut Kolle (1899–1931)

Er hat die Seele eines Sportlers
Doch immer ist er krank.
Er malt zarte Matrosen
Lesend oder gedankenverloren, völlig
Unfähig zu schwerer Arbeit auf Schiffen.
Ein lethargisch blickender Feuerwehrmann
Hebt geziert die Hände, natürlich
Greifen sie nicht nach dem Eimer
Mit Löschwasser.
Seine Stierkämpfer wirken linkisch
Und müde, selbst einer lahmen Kuh
Könnten sie nie
Den Todesstoß setzen.
Es gibt Reiter deren Pferde stehen
Still wie für immer.
Und es gibt Trinker die sehen
Gar nicht begierig aus
Ihre Gläser zu leeren.
Zuletzt hängt da ein Boxer
Verträumt und schlaff, das ist
Das Selbstbildnis des Künstlers
Als schwermütig sinnierender Jüngling.
Er starb mit 32 –

PETER SALOMON

Stilleben mit Blumen und Konfekt
Nach Denton Welch

Ein Bund bronzefarbener Rosen mit derben Dornen
Im Einweckglas. Schleimgrünes Wasser
Schon halb verdunstet, hat eingetrocknete Ränder
Hinterlassen; darin ganz schwarz die Stiele.

Im Hintergrund eine ochsenblutfarbene Zimmertüre
Aber ausgebleicht und umrandet von einem Streifen Tapete.
Gemustert mit mondscheinfarbenen Hundszahnornamenten.

Eine zweite Vase, sirupgrün, hoch und bleistiftdünn
Präsentiert eine straffe Chrysantheme von blassem Blaugrün;
Ihr Kopf gleich groß wie das ganze Rosenbukett.

Zwischen den Vasen auf der pfirsichroten Satintischdecke
Verstreute Pralinen und Leckereien.
Auf dem Tuch splitterartige Glitzer: Vielleicht
Reste einer früher zu Bruch gegangenen Glasschale?

Trüffeln, in rotem Kakaopulver gewälzt
Wie rostige kleine Kanonenkugeln.
Katzenzungen aus schwarzer Schokolade.
Rumtörtchen mit Kastanienpüree garniert, grünlich.
Trüffelgroße Kügelchen aus Guavengelee.
Buttertoffees, Mürbekekse und parfümierte Lakritzstangen.

Es gibt Dichter, die auch Maler sind –

PHILIPP SCHÖNTHALER
Sushi

Sie sagt, dass es um Wahrnehmungen gehe, keine Fakten. Sie sagt, dass es um Haltungen gehe, kein bloßes Wissen. Sie sagt Sätze wie: die Sprache ist ein Spiegel der Affekte. Sie zögert – sagt: dass es um keine Wahrheiten gehe, sondern Gefühle. Sie ist erregt und wenn sie erregt ist, kräuselt sich ihre Stimme, und ich fürchte, dass sich ihre Stimme überschlägt, aber sie bricht nicht ab, bewegt sich fort, hoch aufgerichtet – ein zitternder Wellenkamm. Ob ich höre, was sie sagt, fragt sie, ich schaue sie nicht an, der Blick nach vorne auf die Straße gerichtet, sehe ich trotzdem groß ihre zwei kleinen vertikalen Falten auf der Stirn, die ansonsten vollkommen glatt ist. Zwei Falten, denke ich, von denen ich gar nicht weiß, wie das anatomisch überhaupt möglich ist, überlege ich, physiognomisch. Man könnte tatsächlich ein Lineal an diese Falten legen, ein kleines, transparentes Geodreieck, wie früher im Mathematikunterricht. Und jetzt will ich sie plötzlich doch sehen, ihre kleinen empörten Aufwallungen, weil ich es einfach nicht wahrhaben will, diese Präzision, überlege ich, wende den Kopf, schaue sie an.

Wir fahren, *West Hastings*, Höhe *Cambie*, und ich liebe den alten *Volvo*, der noch neu ist, mit dieser langen Motorhaube, die gar kein Ende nimmt, zum Kühler hin fällt sie nicht ab. Und wer baut heute noch solch eine Motorhaube, überlege ich: so fühlt es sich bestimmt an, wenn man mit einem Motorboot, irgendwo, sagen wir *Horseshoe Bay*, *English Bay*, wo auch immer. Besonders die Kurven nimmt der *Volvo* – ein *240er*, Baujahr '83, cremefarben, wie er um die Kurve gleitet, als drifte das Heck, denke ich, wie auf Wasser. Wie sollte man da nicht verrückt werden? Wirklich! Wir biegen auf *Richards*, ich drehe das Radio lauter ... *bang, bang, he shot me down...* und ein solcher Augenblick, denke ich: dass er niemals enden dürfe, ich darf gar nicht daran denken. Ich frage, ob sie schon die *Douglas*-Photographie von *MacLeod's* gesehen habe, wir passieren gerade *MacLeod's*, eine Interieuraufnahme, hochglanz und bunt,

Stan Douglas eben, erkläre ich, diese unheimliche Luzidität der Oberfläche, eine Klarheit, die Schwindel erregt und dass wir ruhig mal wieder in *MacLeod's* Antiquariat gehen könnten, auch wenn ich dort noch nie ein Buch gekauft habe, weil überteuert, aber man geht ja zum Stöbern.

Sie spricht, und sie sagt einen ihrer Sätze, einen *Gertrude Stein*-Satz, sage ich, *Virginia Woolf*, frage ich? Aber darum geht es nicht, sagt sie und ich sage, ich weiß, entschuldige, denke, dass das gar kein Vergleich ist mit meinem kleinen *Nissan Micra*, mit dem ich immerhin 3 Jahre, fast 4, überlege ich. Wenn ich mir vorstelle, also – das ist doch eine Epiphanie, dass man auch die ganze Zeit anders hätte um die Kurven, wie jetzt mit dem *Volvo*, ich fasse es nicht. Und natürlich liebe ich es, dass sie neben mir sitzt, wie sie neben mir sitzt, und die großen *Volvo*sitze – es sind ja kleine Sessel, die Sitze, die könnte man sich genauso gut auch in die Wohnung, ins Wohnzimmer beispielsweise, hat man ein Wohnzimmer. Sie sieht schmal aus in diesen Sesseln, ich blicke aus dem Augenwinkel seitlich zu ihr hinüber, denke *and all the world is green* – und warum sie das Kleid noch nie zuvor getragen habe, frage ich, das verstehe ich nicht, sie hatte es mir schon zuvor gesagt, ich weiß, aber ich meine nur, gut.

Sie sagt: *Pete*, und ich habe nichts dagegen, dass sie *Pete* sagt, wir haben immer wieder über *Pete* gesprochen und im Grunde liebe ich sie ja auch dafür, sprich: sie ist ja tatsächlich niemals leichtfertig – ihre Skrupel. Und wenn ich mich nicht täusche, dann muss ich mich nach einem gemeinsamen Seminar in sie verliebt haben, war es Literaturtheorie, Hermeneutik, was auch immer. Ihre Frage nach dem Seminar, wir stehen im Flur des *MacMillan* Gebäudes und sie fragt, wie sie immer fragt, mit einem an Empörung grenzenden Ernst in ihrer Stimme: warum die Interpretation gewaltsam sei, und dass man doch nicht sagen könne, dass die Interpretation per se gewaltsam sei, womöglich die Sprache, das ginge ihr nicht in den Kopf. Ich frage, ob sie etwas essen gehen wolle, jedenfalls – wie ich dort im Flur zum ersten Mal diese zwei Falten sehe, denke ich jetzt, und den Ernst, mit dem sie damals diese Frage, auch noch während des Essens – und wie hätte ich das nicht lieben sollen?

Dazu ihre Turnschuhe, *Asics*, gelb, sie trägt sie noch immer, und wenn diese Schuhe nicht für ihre Füße geschaffen sind und dass ich sie mir auch nicht vorstellen will ohne diese Schuhe, überlege ich, aber das ist albern. Ich frage, wo sie essen gehen wolle, ob sie Sushi essen gehen wolle? Wir könnten zurück zur *Main Street* fahren, dort würden wir bestimmt *Mike* treffen, *Debie*, oder an den Strand, mit einer Falafel, steamed buns, einen Umweg über Chinatown, was auch immer. Von mir aus könnten wir auch nur an der Uferstraße entlang fahren, *Beach Avenue*, *Pacific*, überlege ich, Richtung Campus vielleicht. Die Luft spült warm durch die Fenster, und eigentlich sollte man alle vier Fenster auf einmal herunter kurbeln, den Wagen voller Sommerluft, man brauchte jetzt elektrische Fensterheber, die ich natürlich gar nicht haben wollte, jedenfalls nicht in diesem Auto. Ich frage, ob sie mir meine Sonnenbrille aus dem Handschuhfach reiche, ich habe gar nicht gemerkt, dass ich die ganze Zeit ohne Brille fahre, ich lache.

Pete habe ja keinen Zweifel darüber gelassen, sagt sie, dass die Karriere für ihn an erster Stelle stehe und sicher, er hatte sich erst spät für die Schauspielerei entschlossen, und dass man da erst mal Fuß fassen muss, trotz allem. Ich sage ja. Natürlich weiß ich, sprich, ihre Fragen, immer wieder, wie man in der Gegenwart zueinander, kurz: Beziehungsfragen. Und auch das ist einer ihrer Sätze: *no time for regrets*, sagt sie, und das ist bestimmt kein *Stein*-Satz, sage ich, *Woolf*-Satz, denke ich, vielmehr typisch amerikanisch. Sie hat ihn doch hoffentlich von keinem Toilettenkalenderchen, *Reader's Digest* oder Ähnlichem. Ich sage, dann essen wir eben Sushi. Ich liebe Sushi, in Deutschland habe ich nie Sushi gegessen, erst in Vancouver und ich liebe es noch immer, all die Röllchen, die einem die Wahl so unsäglich schwer machen, nicht nur beim Bestellen, nein, da auch, aber wenn man die Reisfischrädchen endlich vor sich hat, mit entblößter Breitseite, Röllchen an Röllchen, während man die Essstäbchen nervös aufeinander schlägt, erkläre ich, und dass wir ja anschließend noch immer ans Ufer, wenn sie wolle. Sie sagt ja, mal sehen, und ob sie keinen Hunger habe, frage ich. Sie habe doch Hunger und es müsse auch kein Sushi sein. Sie sagt: nein, ja – gut.

Ich versuche zu sehen, ob ihre Falten, aber sie hat ihre Sonnenbrille in die Stirn geschoben, sie kramt noch immer im Handschuhfach, meine Sonnenbrille. Während sie fragt, was ich eigentlich wolle, dass sie noch immer nicht sagen könne, ob mir eine Karriere oder die Beziehung wichtiger sei, die Gegenwart, oder die Zukunft, sagt sie. Sie richtet sich wieder auf, schaut seitlich hinaus auf den Gehsteig, ihre Hand im Fensterrahmen, die mit der Fahrtluft spielt. Dass sie noch immer kein Gespür für meine Prioritäten habe, sagt sie, überhaupt. Pete beispielsweise, der ständig die Gegenwart gegen die Zukunft, wenn ich wisse, was sie meine? Ich sage, ja, sicher, was soll ich sagen. Ich will Sushi, sage ich, so viel wisse ich, und zwar jetzt, mit ihr. Ich lache, bremse den Wagen sanft, wie eine Motorjacht eben, denke ich still bei mir, stoppe den Motor. Wir steigen aus.

Ich sage: die Vorfreude, dass es beim Sushi doch um die Vorfreude gehe, ich habe ihr dieses Wort erst beibringen müssen. Da klaubt ihr euch schon die ganzen Wörter zusammen, zweifach, dreifach, sage ich, ich erinnere mich: Wir laufen über den Uni-Campus, von einer Veranstaltung, in eine Veranstaltung, und in welcher Sprache gibt es noch diese Wut der Synonyme, frage ich, aber dann übergeht ihr ein solches Wort, das ist doch, wie dem auch sei. Ich halte ihr die Tür auf, ein Glöckchen, das schrillt, die beiden Japaner, ihre runden Köpfe, die dünnen Oberkörper in bunte Tücher gewickelt, knicken mit dem Schlag des Türglöckchens automatisch nach vorn, verharren ein wenig mit den lichten Köpfen zur Erde gebeugt, fahren dann wieder auf. Ich kann meine Augen tatsächlich nicht von ihr abwenden, denke ich, wie sie vor mir ins Restaurant, ihre Schuhe und der Staub, der im Rücken trocken von der Straße aufwirbelt, wie er es nur im Sommer, denke ich, und dass es mich ganz wehmütig stimmen könne, dass nun tatsächlich bald der Sommer, der Abend, der die Wärme des Tages kaum noch zu halten vermag.

Im Restaurant ist nur wenig Kundschaft. Wir sitzen uns gegenüber, am Fenster, den Blick auf die Straße. Ich sage, und ich plaudere vom japanischen Stil – die Klarheit der Linien, Kanten, sage ich. Mit dem Finger fahre ich über die spiegelglatte Tischoberfläche, vor und zurück. Sie sagt nichts, nippt nur an ihrem grünen Tee, wir schauen uns in die Augen, ihr Blick, der dem meinen begegnet, dann zurückfällt auf den Tisch, die Tasse. Während ich rede: ich habe plötzlich einen Drang zu reden, sage, dass die kleinen Rädchen ja eigentlich viel zu schnell zubereitet würden, und ich meine gar nicht diese unglaubliche Fingerfertigkeit, vielmehr dieser masochistische Genuss, ob man mit einem *California-Röllchen* beginnt oder mit einem *Chicken-Teryaki-Röllchen*, sage ich, oder doch mit einem *Hummerreisblock* oder mit dem *Omeletttäschchen* und diese ganzen Ablenkungsmanöver, Vertröstungen, denke ich, um der Frage zu entgehen, mit welchem Häppchen zu enden sei – und dass da einem manchmal doch schier die Lust verginge, überhaupt zu beginnen.

Die Kellnerin bringt unsere Bestellung, wir sitzen, unsere flachen, rechteckigen Teller vor uns. Ich rühre ein winziges Häufchen grüne Paste in die Sojasauce, löse die kleinen *Wasabi*-Klümpchen nach und nach in der schwarzen Flüssigkeit auf, schaue ihr zu, wie sie ihre Röllchen, eines nach dem anderen, und wo sie ihren unersättlichen Appetit her nimmt, mit ihrem Körper, überlege ich, während ich noch immer mit dem Holzstäbchen in der schwarzen Sauce rühre und mich tatsächlich der Hunger verlässt, denke ich, wie ich so dasitze. Ich stoße gedankenvoll mein Bambusholzstäbchen durch eines der Röllchen und es fehlt nur das Blut, das jetzt aus den aufgeschlitzten Gedärmen der Rolle, eine kleine Lache, die sich auf dem weißen Porzellan des Tellers ergießt, überlege ich, sammelt, dunkelrot anwächst. Ich spüre, dass mir tatsächlich mit einem Mal schlecht ist, der Magen – speiübel. Ich springe auf, stürze auf die Toilette, würge, wie ich plötzlich auf den weißen Fliesen in der Toilette knie, das Sirren der Neonlichtstoffröhre, ich fahre mit dem Zeigefinger durch die trockene Mundhöhle, aber da ist nichts, denke ich, der Finger vorsichtig tastend im Rachen, ohne Grenze, wie die Mundöffnung von außen und innen übergeht, nein – rein gar nichts. Nur der Leib, der sich immer wieder krampft, schüttelt, zwischendurch eine kleine Atempause, bevor er erneut – aber ohne zu kotzen.

CLAUDIA SCHERER
gedichte

> für Rudolf Wachter, Bildhauer
> geb. 1923 in Bernried/Bodenseekreis,
> gestorben am 16.6.2011 in München

holz

zoll für zoll
waghalsige
nervensäge
auf einem bein
um baumlängen
voraus

was sich rundet

ruht in sich
das messer
schneidet ins herz
der baum überlebts
im schwund

im atelier

wenn er aufblüht
der baum
erholt er sich
von alterswettern

mut

unerschrocken
treu
der kunst
dem baum

er

holt alles
aus ihm heraus
dem baum
legt alles
in ihn hinein

zwiesel

vereint
auseinander streben
verwurzelt in einer
tiefe

de zwiesel

isch vrzweigt
wie de zwickl
vrzwickt
isch d frog
was isch r wert
e vrmege
in de hend
von dem moischtr
liegt s

was

macht
aus me relikt
e reliquie
isch s s holz
mit em schtoi
d innig form
wo s denke
losst

zwoi vättr

de oine
hot frieh en arm
vrlore
de andre jung
e boi
si hont sich it kennt
abr i
vrbind
mit hend und fieß
ihr gschicht

pfundig

sagsch
zu meine gedicht
e wort
von oim
wo s gwicht
kennt

pfiedi

pfiedenegottaufwiedersehn
hot de fahrradhändlr gsagt
wo i mein alte geppl
abgholt hon
pfiedigott
sagsch du
pfegott sag i
un woiß it
gibt s e wiederseah

KATRIN SEGLITZ
Tierleben

Iris sitzt auf einem Sofa, betrachtet den Flügel in der Mitte des Foyers und wartet auf Anatol. Der Besitzer des Hotels hat einen kleinblumigen Geschmack und offensichtlich noch nie etwas von moderner Inneneinrichtung gehört, trotzdem sind berühmte Frauen und Männer in diesem Hotel abgestiegen, Fotos mit Widmung hängen an der Wand hinter der Rezeption, das Kleinblumige und Verstaubte der Einrichtung scheint sie nicht gestört zu haben, im Gegenteil, die Räume drängen sich nicht auf, und das, was in einem selbst blumig und ein wenig verstaubt ist, fühlt sich sofort wohl. Man setzt sich auf eins der Fauteuils wie auf das Zahnfleisch eines Nilpferds und versinkt im Fluss der Zeit. Als Kind war sie oft im Tierpark und hat das Nilpferd besucht, das im Elefantenhaus wohnte. „Wo kimmst'n du her?" „Aus München." „Aus Minga? Naaa – des ko schier net sei." „Doch, ehrlich, ich schwör's, ich bin in München geboren. Und aufgewachsen bin ich in der Siemenssiedlung beim Tierpark Hellabrunn." „Ach sooo… Oane von de Zugroastn, von de Saupreissn..." Genau genommen gehören nur ihre Eltern zu den Zugroastn, denn sie ist nicht zugroast, sondern in München geboren, also ist sie eine Eingeborene, auch wenn sie kein Bayrisch spricht. Ihre Eltern sind von Berlin nach München gekommen, kurz nach dem Krieg, auch München war zerstört, aber man sah schon wieder, dass München von Mönchen gegründet worden war, von fröhlichen Mönchen, die mit der Brezn in der einen Hand und dem Bierkrug in der andern vom Himmel geflogen waren mit flatternden Ärmeln. So haben sie das Christentum gern zu sich genommen, die Männer und Frauen im Süden Deutschlands, denkt Iris und streicht mit der Hand über den rosafarbenen Samt des Sofas, denn ein Rausch, das ist wie eine Himmelfahrt, und der Sturz in die Hölle das Aufwachen am nächsten Tag. In Heimatkunde hat Iris die Mönche gesehen, sie erinnerten an Möwen, die einen hatten einen himmelfahrtsgelben

Schnabel, die anderen hackten immer in die gleiche Kerbe: Memento mori! Auch ihr müsst mal sterben, und dann? Die eine Hälfte ihrer Kindheit hat sie im Tierpark verbracht und die andere Hälfte in der Brehmstraße. Die Brehmstraße hat ihren Namen von Herrn Brehm, der über das Leben der Tiere schrieb und damit auch über ihr Leben, denn Tiere und Kinder sind sich nah. Sie hat sich durch das Drehkreuz beim Ausgang gequetscht und ist durch den Tierpark gelaufen, atemlos vor Freude und Angst. Sie hat befürchtet, dass man ihr ansieht, dass sie keine Eintrittskarte hat, dass sie das Kind von Zugroastn ist und damit verwandt mit den Saupreissn, aber keiner hielt sie an, und peinigte sie mit Fragen nach dem Woher und Wohin. Sie lief an den Ochsen vorbei und an den Lamas, sie lief zum Elefantenhaus und besuchte das Nilpferd, sie sah, wie der Wärter einen Brotlaib in das geöffnete Maul des Nilpferds warf, wie sich das Maul schmatzend schloss, aber bald schon wieder öffnete, um den nächsten Laib in Empfang zu nehmen. Auch das Nilpferd war zugroast, oder die Eltern des Nilpferds, und damit gehörten auch sie zu der großen Gruppe der Saupreissn. Wenn das Nilpferd das Maul aufriss, sah sie das prächtige Zahnfleisch, es wölbte sich ihr entgegen, prall und rosa, darin eingelassen mächtige Hauer. Iris streicht erneut mit der Hand über das samtige Rosa des Sofas. „Zeig mir doch mal die Stadt, aus der du kommst", hat Anatol gesagt, er hatte eine Sendung gesehen über den Viktualienmarkt und über einen Stand, an dem es Gurken gab, kleine Gurken und große Gurken, Salzgurken, Essiggurken und Dillgurken, diesen Stand wollte er sich gern ansehen. Sie sind nach München gefahren und in einem Hotel abgestiegen, das neben dem Viktualienmarkt liegt und damit in der Nähe der Gurken. Sie haben aber nicht mit den Gurken begonnen, sondern mit den Sehenswürdigkeiten, die sich alle Touristen ansehen, mit dem Marienplatz und dem Glockenspiel, der Theatinerstraße und dem Englischen Garten. Als sie mit Anatol in die Asamkirche ging, fühlte sie einen ungerechtfertigt persönlichen Stolz auf die Schönheit dieses Raums, das ist München, dachte sie, roter Marmor, Gold und Silber, Blumengirlanden und Barockengel. In der Nacht wurden sie geweckt von einem gewaltigen Niesen und einem darauf folgenden ebenso gewaltigen Schnäuzen. "Klaus", sagte sie. "Der Trompeter von Säckingen", sagte gleichzeitig Anatol. "Von Säckingen?", wiederholte sie und kicherte. "Klaus?", wiederholte Anatol. "Klaus wohnte über uns und spielte Trompete", sagte sie, "er spielte nicht gut, aber er übte jeden Tag." Wieder nieste der Mann und schnäuzte sich, von ihren Ohren nur durch eine dünne Wand getrennt. Er sackte den Schlaf ein, er verscheuchte und verschnäuzte den Schlaf, er intonierte eine Begrüßungsarie für Iris und Anatol.

Die Tür des Hotels geht auf, ein Luftzug schwappt ins Foyer, und mit dem Luftzug ein Fisch. Er ist leuchtend gelb. Dann kommt ein zweiter, orangerot. Ein Schwarm Goldfische steuert sie an, schon ist sie mittendrin, Teil des Schwärmens und Schwimmens. Als sie Anatol kennen lernte, begannen die Fische durch die Luft zu fliegen, aber es gab noch einen anderen Fisch, einen Karpfen mit goldenen Schuppen, und dieser Fisch entfernte sich von ihr. Das war Oliver, kann sein, dass es Oliver war. Ein Mann quert das Foyer, er geht zielstrebig auf den Flügel zu, er geht, als gäbe es weder Menschen noch Möbel, in diesem Augenblick gibt es nur ihn und den Flügel. Er setzt sich auf den gepolsterten Hocker, hebt mit zarter und doch großer Gebärde den Deckel, hält kurz inne und setzt mit Schwung und Nachdruck alle zehn Finger gleichzeitig auf die Tasten. Töne rollen durch den Raum, es ist ein beeindruckender Anfang, ein zehntoniger mächtiger Beginn, so hat auch Oliver in die Tasten gegriffen und eine der Sonaten gespielt, die er seit zwanzig Jahren übt, mit nie nachlassender Begeisterung. Er hält sich nicht auf mit Liedern oder Melodien, er nimmt sich die Sonaten vor, die er liebt, auch – oder gerade weil – sie sehr schwierig zu spielen sind. Oliver hat früh Klavierunterricht bekommen, aber das Tennisspielen ist ihm leichter gefallen. Er kann seinen Gegner einschätzen, er weiß, wann der andere die Nerven verliert, er kann haushalten mit seiner Kraft und sie dann, wenn der andere ermüdet, gezielt einsetzen. Auf diese Weise gewinnt er ein Match nach dem anderen. Aber seine eigentliche

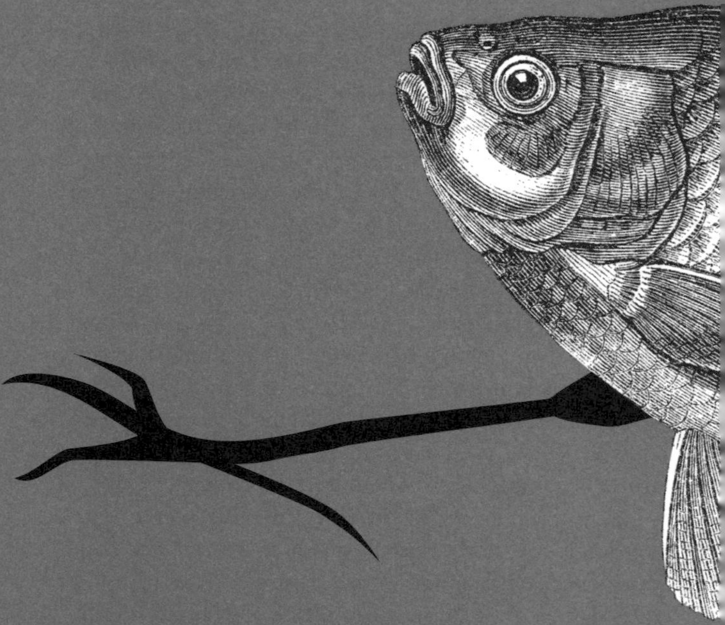

Liebe gilt dem Klavier. Mit dem Klavier kann er nicht taktieren, in der Auseinandersetzung mit den Musikstücken kann er nicht gewinnen, aber auch hier ist er ausdauernd. Mit siebzehn hatte er eine Plattensammlung, die sich sehen lassen konnte, und las Partituren wie spannende Romane. Sein Vater nahm ihn mit nach Bayreuth. „Und was hatten die Frauen an?", fragte seine Mutter hinterher, „wie sahen sie aus? Sah man elegante Roben?" Oliver versuchte, auch Iris für Wagner zu begeistern, einmal fuhr sie mit ihm nach Bayreuth, zu Tristan und Isolde. Sie hatte Bauchschmerzen und saß zusammengekrümmt auf einem der Bayreuther Stühlchen, aber als der dritte Satz begann, ließen die Bauchschmerzen nach, und der Himmel öffnete sich, ein Musikhimmel, der ihr bis zu diesem Zeitpunkt verschlossen geblieben war, sie sah die Architektur der Töne, vielschichtige Lichtklanggebilde, Melodien drangen in Tonwolken ein, wurden von anderen umspielt, bekämpft und abgelöst. Anfangs hat sie die Musik Wagners nicht gemocht, sie war ihr zu bombastisch. „Kein Wunder", sagte sie, „dass Hitler Wagner mochte, dass Hitler nach Bayreuth gepilgert ist." Sie kannte den Antisemitismus Wagners, Oliver hatte ihr die entsprechenden Stellen vorgelesen. Er nahm auch das wahr, was gegen die Komponisten sprach, die er liebte, das schätzte sie an ihm, auch das.

Wieder öffnet sich die Tür des Hotels, ein korpulenter Mann kommt herein, als er in der Nähe ihres Sofas ist, explodiert sein Körper, er wird von einer Reihe gewaltiger Detonationen erschüttert, der Trompeter ist da, der Trompeter von Säckingen. Er zieht ein Tuch aus seiner Hosentasche, versenkt seine Nase in rotweiße Würfel und schnäuzt sich heftig. Er hat ein gut gepolstertes Gesicht, mehrere Speckröllchen ziehen sich zwischen Kragen und Hinterkopf rund um den Hals, er hat sich in seinem Körper niedergelassen wie in einer Burg. Er schreitet auf einen Tisch zu und lässt sich nieder, er hebt die Hand, um der Bedienung einen Wink zu geben, mit seiner großen, rosafarbenen Schaufelhand pflügt er winkend durch die Luft im Foyer. Das Foyer dient auch als Frühstücks- und Aufenthaltsraum, Tische sind eingelassen in halbrunde Nischen, auf den Fensterbrettern stehen Kübel mit großblättrigen Pflanzen. Alles ist aus den Fugen geraten in diesem Hotel, denkt Iris, und auch mein Leben ist aus den Fugen geraten. Gleich wird Anatol kommen, und die Blicke werden zu ihm wandern, die Blicke der Frauen, aber auch die Blicke der Männer. Und auch sie wird ihn ansehen, sie wird ihre Augen nicht von ihm lösen können, er wird einen Pullover tragen, der sehr weich ist, kleine Hitzewellen werden von seinem Körper ausgehen und an ihrem Körper anbranden, er wird sie mit leuchtenden Augen ansehen, und sie wird wie hypnotisiert lächeln, und sagen: „Wollen wir... wollen wir noch mal ins Zimmer gehen..." Und die Goldfische werden ihnen folgen.

Anatol nimmt sich Zeit, er kann sich in die Gegenwart fallen lassen wie in ein Sofa, das ist das Besondere, der große Unterschied zu Oliver, Anatol kann sich treiben lassen, und wenn sie zusammen sind, schwimmen sie durch die Luft, umgeben von Goldfischen. Andererseits... was soll sie mit dieser Lust, dieser Goldfischlust? Es ist eine Lust, die nicht satt macht, es ist eine Lust, mit der keine Kredite bezahlt werden können, und die Kinder... Immer noch fliegen die Goldfische durch die Luft. Sie hat Anatol von den Goldfischen erzählt, und auch, wenn er sie nicht sah, hat er sich doch sofort für einen Goldfisch gehalten. Denn als sie ihn fragte, ob er zu ihr ziehen wolle, hat er abwehrend gesagt: „Einen Goldfisch kann man nicht an Land ziehen. Auf dem Land würde ich eingehen. Du weißt doch, ich bin ein Goldfisch." Sie hat sich darüber geärgert, dass er die Goldfische für seine Zwecke vereinnahmte, für liebesferne Zwecke. Außerdem war keineswegs klar, ob er ein Goldfisch war oder sie selbst, vielleicht war sie ein Goldfisch und er ein Hering, und er konnte glücklich sein, sie gefunden zu haben. Man kann sich allerdings auch fragen, denkt sie, was gut daran ist, ein Goldfisch zu sein? Sie spürt Unmut in sich aufsteigen, einen raubtierartigen Groll. Sie streckt sich und sieht gereizt zu den Fischen, die immer noch um sie herum fliegen, einige langsam, andere schneller, einige schlendernd, andere schlängelnd, sich überschlagend, mit einer Bewegung der Flossen, einer kleinen Bewegung des Schwanzes, mit einer luftigen Eleganz, und während der Mann am Flügel in die Tasten greift, setzt sie zum Sprung an, und während er beim forte, fortissimo angelangt ist und seine Finger über die schwarzweißen Tasten rasen, fällt sie über die Fische her, und als sie nach einiger Zeit erschöpft auf dem Sofa zusammenbricht, liegen die Fische verstreut im Raum, entblättert, entschuppt und entlaubt, an einigen fehlt der Kopf, an anderen der Schwanz, sie liegen auf dem Tisch des Trompeters und auf dem Flügel, an dem der Mann immer noch sitzt und spielt, er hat nichts bemerkt, nichts, er ist nun beim piano, pianissimo… Und ihre Wut lässt nach, ihr Unmut legt sich, die Luft ist leer. Der Tag schmeckt ein wenig fischig, ein wenig grätig, ein wenig anstrengend, ein wenig langweilig, und insgesamt ernüchternd. Nun kann sie nach Hause gehen, zurück ins Haus, in ihre Haut, gerade noch hat es so ausgesehen, als müsste sie, als könnte sie, als dürfte sie aus ihrer Haut schlüpfen, grad noch war alles heiß, nun ist es lau. Es ist immer wieder zu Goldfischmassakern gekommen, seitdem sie mit Anatol zusammen ist. Ab und zu hat sie das dringende Bedürfnis, die Goldfische zu schlachten, die Worte, Sätze und Küsse Anatols zu zerfetzen, alles, was glänzt, schön ist, ein wenig zu schön… Sie bohrt im zahnfleischfarbenen Bezug des Sofas und verweilt auf jedem Fleck, auf jeder Unregelmäßigkeit, da öffnet sich die Tür erneut, und frische Luft dringt ins Foyer. Sie lehnt sich zurück, und atmet tief ein und aus. Das Thema Goldfisch ist erledigt. In diesem Augenblick sieht sie einen kleinen Fisch, leuchtend gelb, und dann einen zweiten, orangerot, sie schwimmen, als ob nichts gewesen wäre, sie fliegen durch die Luft, sie schwänzeln, schlängeln, schlendern um die Ecken, und dann kommt er, Anatol durchquert das Foyer, er nähert sich dem Sofa, er lächelt, und der Trompeter niest, der Trompeter bläst eine Begrüßungsfanfare für Anatol. „Die Gurken", sagt Anatol, „heute möchte ich zu den Gurken." Sie werden über den Viktualienmarkt gehen, sie werden am Gurkenstand eine Gurke kaufen, gerade richtig groß, gerade richtig salzig, und so saftig.

ANGELIKA STARK
Nackte Unschuld

Die Sonne tauchte ihre Schultern in Gold. In diese Bronzetönung, die bis zu den Fußspitzen reichte. Nixenfußspitzen, denn sie tollte im Badebecken, dem Außenbecken der Therme. Es war ihr egal, daß sie fünfzig geworden war, im Moment hatte sie es überhaupt vergessen, sie versuchte, die Luft anzuhalten und unter Wasser die Augen aufzumachen, das hatte sie noch nie getan, in fünfzig Jahren nicht. Es war nicht zu fassen, daß es ihr gelang, ebenso, wie in dem eiskalten See zu schwimmen, 12 Grad haben sie gesagt.

Sie hat einen Zeitpunkt ausgesucht, an dem der textilfreie Bereich nicht voll ist, und beglückwünscht sich dazu, daß sich an dem Ausharren hinter den Weinbergen in einem Provinznest doch noch etwas gelohnt hat. Warum sie dort ausharrte, das lag an ihrer Unentschlossenheit in Liebesdingen, die dazu geführt hatte, daß sie sich in den verästelten Wegen des Hinterlandes von Meersburg gut auskannte. Sie kannte alle Schleichwege und Abkürzungen, inzwischen auch den Weg ohne Wiederkehr. Zwei Männer gleichzeitig zu lieben, das hatte ausgereicht, Wege zu finden, die weit über den Baumkronen entlangführten, oder bis tief in die dunklen Schluchten des Aachtals reichten, auch im Winter, wenn die Schleichwege vom Schnee unsichtbar wurden. Wenn darunter Eisesglätte harrte. Wenn Lächeln erstarrten. Wenn Bäume aus dem Dunkel auf einen zuschossen wie Rammböcke - oder Fäuste, die sich im Zorn zusammenballten.

Sie hatte Wege gefunden, beiseite zu treten, irrezuführen, immer nur am Rand der Lüge, begabt damit, sich unverfänglich auszudrücken, eine neue Grammatik zu erfinden, die sie berechenbar entlastete. Zuletzt hatte sie trotzig darauf bestanden, sich nicht entscheiden zu können. Das hatte kein gutes Ergebnis gezeigt. Sandra ist immer noch davon überrascht, letzten Endes allein zu sein. Indessen ist sie so reich an Erfahrung, daß sie sich fast wünscht, keine mehr machen zu müssen. Sie ist vergnügt, aalt und rekelt sich. Eigentlich ist sie gegen die Therme gewesen. Als Anwohner empört, daß eine der letzten frei zugänglichen Badewiesen mit altem Baumbestand Parkplätzen weichen müßten. Jetzt liegt sie in einem abgeschotteten Paradies, von Strudeln, Blubbern und Rauschen umgeben, bedampft, beduftet, belüftet, entrückt, stellt fest, daß sie splitternackt mitten unter anderen Ruhenden eingeschlafen ist, selig, im saftig leuchtenden Grün der Wiese, die transparente Weite des Sees vor sich, auf dem Schiffe kreuzen, gegenüber ist Konstanz sichtbar wie auf einer holländischen Meisterzeichnung, das Schweizer Ufer könnte von Caspar David Friedrich gezeichnet sein.

Sie überlegt, ob sie mit dem Dampfbad abschließen soll, ob sie nochmal ins Jacuzzi will, wie oft sie noch in den See geht, nackt ist hier normal, seit Jahren geht sie nun schon so umher, nach anfänglicher Scheu ist sie unbefangen, unbekümmert, selbstvergessen. Das Alleinsein hat sich an ihr abgelagert, an sie hingeschmiegt, es ist eine Art Bekleidung, die ihr sogar gefällt, manchmal gelockert durch gelegentliche Bemerkungen, die sie zwanglos mit anderen Badegästen tauscht, doch ist das Alleinsein auch wie festgezurrt durch die Zielstrebigkeit, die nur einem Alleinstehenden zukommt, der sich nach niemandem umsehen muß, der seine Schritte und Worte nicht anzugleichen braucht, der sich nicht besinnen muß, ob etwas unbedacht Gesagtes zum Bumerang wird.

Sie ist dem Beziehungsstrudel entkommen, dem Treibsand von Unlust und Abneigung, ebenso wie der Leidenschaft, mit der sie sich und andere in Gefahr gebracht hat, wenn sie etwa übernächtigt und in Hast aus dem Aachtal kurvte, der Abkürzung, die ihr allein gehörte. Jeder, der sich dort durch die Wiesen und Wälder fädelt, denkt, er wäre der Einzige, weshalb man es mit den Straßenabmessungen nicht mehr so genau nimmt, als plötzlich mitten in der Kurve doch noch der Bus mit den Behinderten auftauchte. Sandra krachte der schwangeren Fahrerin in die Seite. Alle waren entsetzt, niemand war etwas passiert, ihr Wagen ein Totalschaden. „Sie haben den anderen nur 80 cm

Platz gelassen", sagte der Polizist, das Maßband als Beweisstück empört in die Höhe hebend, der sie zu einer Verwarnung aufs Revier bestellte, dort aber, von ihren Ohrringen fasziniert, nicht mehr wußte, was er sagen sollte.

Da selbst der Bürgermeister an dieser Stelle für einen Unfall gesorgt hatte, wurde sie mit Nachsicht behandelt. Nur sie selber wußte, wie fahrlässig sie gefahren war, den Kopf noch in der Nacht und in den Kissen vergraben, das Herz davongeschnellt in dem hohen Bogen, den die Sonne vollziehen würde, die Hände vom Betasten und Betastetwerden wie prickelnd am Lenkrad, das sie vergessen hatte, so vergessen wie den, zu dem sie zurückfuhr, der sich jetzt langsam wieder meldete, mit der angstklammen Sorge vor Entdeckung, so daß sich mitten auf dem Weg, zwischen Aachtal und Tüfingen vielleicht, die Welt vollkommen umstülpte. Immer wieder schien sie wie an einem Gummiband zu hängen, wenn sie vom einen zum anderen fuhr, und je weiter sie fuhr, desto angespannter wurde das Band, bis es endlich von ihr wegschnappte und das andere Band sie herbeizerrte. Wenn sie am Affenberg vorbeifuhr und zu den Störchen aufschaute, konnte es passieren, daß sie an eine Grenze prallte, daß ihr das Unmögliche ihres Tuns bewußt wurde, was sie allerdings nicht wissen wollte, sie wollte nicht nachdenken, denn dann fiel ihr nur auf, wie unrecht sie hatte, wie unmöglich alles war, wie gehetzt sie hin und herraste, jede Zeitlücke ausnützte, ihr jede Begründung recht war, bis es höchste Zeit war, ein Geständnis zu machen.

Weil er Alpträume bekam. Immer schrecklichere Alpträume, von denen er morgens verwundert erzählte. Die er sich nicht erklären konnte. Die sie ihm sofort hätte erklären können. Einmal sagte er, in der Küche kniend, um Flaschen zu sortieren: „Hast du einen anderen?" „Nein", hatte sie gleichmütig gesagt, mit aller Mühe gleichmütig, denn jetzt war sie da, die ausgesprochene Lüge, und hob sie hoch wie einen Ballon, als hätte sie keine Schwerkraft mehr, weil sie nicht mehr hierhergehörte, weil sie ihre Rechte auf ein An-seiner- Seite-sein verwirkte. Dabei wollte sie nichts anderes. Sie wollte an seiner Seite sein. Nur drehte er ihr immer den Rücken zu. Er schien einfach keine Seite zu haben, an der eine Frau sich aufhalten konnte. Oder er konfrontierte sie, beschuldigte sie, schrie. Sie hatte nie verstanden, warum. Ein Choleriker, schön und gut. Aber wenn er einmal angefangen hatte, hörte er nicht mehr auf, steigerte sich in Raserei, seine Anschuldigungen wurden, je länger, desto perfider, verletzender, und sie immer geduckter, gedrückter, dicker, vom vielen Essen anschleppen, kochen, Kinder versorgen, sich um alle bemühen, aber nie selbst umsorgt werden. Manchmal, wenn sie von der Arbeit kam, war alles Essen schon aufgegessen und alle Wohnzimmerplätze belegt. Manchmal, wenn sie erschöpft in der Tür stand und sich gern gesetzt hätte und sich nicht setzen konnte, weil ihre eigenen Töchter im Verein mit dem Vater im Spiel, im Gespräch, beim Fernsehen lagerten, hätte sie gern um Hilfe gerufen, um Beachtung, um Aufmerksamkeit, aber dann ging sie in die Küche, räumte, setzte sich dort hin, weinte heimlich. Der Vater liebte seine Töchter über alles, und die Töchter liebten ihren Vater über alles. Anfangs war sie begeistert gewesen über sein anteilnehmendes Vatersein, über sein dauerndes Vatersein.

Dann, allmählich, wurde es ein Nur-noch-Vater sein. Als sie einmal nachts unter den Decken nach Zärtlichkeiten fahndete, hatte sie ihn aufgeweckt, das hatte ihn stocksauer gemacht, er hatte losgebrüllt, er würde nun nicht mehr schlafen können, es fehlte nicht viel, und er wäre woanders schlafen gegangen. Sie war so weit an den Rand des Bettes gerutscht, daß sie fast rausgefallen wäre. Sie entschuldigte sich bettelnd, fand keine Nachsicht, weinte, was ihn umso mehr reizte. Immer fühlte sie sich falsch an, sie brachte es nicht fertig, ihm zu gefallen, oder ihm gefiel nie, was ihr gefiel, wenn sie mal ein neues Kleidungsstück hatte, was selten war, und wenn sie sich glücklich über das schöne Stück präsentierte, weil sie vergessen hatte, wie immer alles ausging, dann erntete sie das Mißfallen des Vaters, der Töchter, wie aus einem Mund, es war allen klar, daß sie einen schlechten Geschmack hatte, schon immer, daß sie überhaupt ein Witz war, lästig, immer wieder kam das auf, daß er ja eigentlich gar nicht hatte heiraten wollen, aber so war es jetzt eben, da waren sie nun, daran ließ sich nichts mehr machen.

Wegen ihrer Unerfülltheit, ihrer Langeweile, ihrem Frust machte sie orientalischen Tanz, zum Spaß, und es machte Spaß, trotz des Gewichts, sie bewegte sich geschmeidig, daran hatte sie gearbeitet, sie konnte es selber sehen, in den Spiegeln, daß sie gut war, ausdrucksvoll, verführerisch, glücklich, jedenfalls beim Tanzen, wo sie ein anderes Bild von sich gespiegelt bekam als das, was er ihr spiegelte. Sie kaufte sich ein Kostüm, tanzte ihm vor, die Kinder, jedenfalls die Kleinen, flippten aus, tanzten mit, nur er schaute kaum auf, schaute nicht hin.

Da sie einer unregelmäßigen Arbeit nachging, vermißte er sie regelmäßig nicht. Aber daß sie in zwei Monaten zwanzig Kilo abgenommen hatte, daß sie strahlend wurde, selbstbewußt, unabhängig, und sich Kleider kaufte, die sie ihm nicht mehr vorführte? Daß sie so beschäftigt war, so abwesend? Immer am Gehen? Jetzt wollte er nicht mehr, daß sie ging, jetzt wollte er ihr die neuen Kleider ausziehen, eigenhändig, jetzt wollte er wissen, was er besaß, sie neu in Besitz nehmen. Endlich hatte sie ihn dazu gebracht, sich an sie zu erinnern. Neuerdings wurden die Töchter in ihre Zimmer geschickt, und zwar von ihm. Sandra war glücklich, sie war überglücklich, er hatte sich nach ihr umgedreht, er beachtete sie - oder beobachtete sie, arglos, aber verwirrt, zugänglich, aber verunsichert, verletzlich, plötzlich.

Sandra, die mit Kräften spielte, die sie nie beherrschen würde, fühlte sich im siebten Himmel.

Hatte sie geglaubt, sie könnte ihr Doppelleben ewig führen? Hatte sie überhaupt Gelegenheit, nachzudenken? Während sie auf dem Weg war, hin und her, hätte sie nachdenken können. Wenn sie über den Daisendorfer Hügel nach Mühlhofen herunterfuhr und dabei nach der Birnau, dem Untersee und Überlingen blickte, stand oft der orange Ball der Sonne groß und tief über dem spiegelnden Wasser. Ein Haus stand da, das gerade diesen Ausblick hatte, an dessen langer Gartenhecke sie vorüberfuhr, zerstreut, begierig nach kundigen Zärtlichkeiten, die sinkende Sonne das Tor zu ihm, die Straße vor sich eine Allee zu ihm.

Sie durchschneidet Mühlhofen quer zur Hauptstraße, fährt ungeduldige 40 in einer 30er Zone, hat das Wohngebiet gleich hinter sich, am Verkehrsübungsplatz vorbei Richtung Affenberg, wo schon mal die Berberaffen vom Orkan Lothar aus ihren Gehegen befreit wurden, so daß sie auf dem Acker saßen, ihre Zäune zwischen den umgeknickten Bäumen flachgelegt, aber sie gingen sowieso zu ihren Futterplätzen zurück, und darüber flogen die Störche, oder sie standen in ihren hohen Nestern, oder sie pickten im Straßengraben und zwangen sie, langsamer zu fahren. Weiter fuhr sie auf der kaum feldwegbreiten Teerstraße, weiter entlang der Wälder, schon ist sie in Tüfigen, überquert erneut die Hauptstraße, ist in Gedanken schon bei ihm, der sie nie aus den Augen lässt, nicht für eine Sekunde. Für den sie Mittelpunkt ist, Schwerpunkt, Ausgangspunkt. Alles. Während sie ihren Mercedes den schlängelnden Weg durch ein Waldstück schickt, was er längst wie von alleine meistert, weitet sich der Wald, öffnet sich zum Salemer Tal, das vollständig ausgebreitet vor ihr liegt mitsamt dem Heiligenberger Schloß auf dem höchsten der vorhandenen Berge. Der Ausblick ist meist großartig, manchmal verhangen, auch naßkalt und düster, oder wenn es geschneit hat, ist das wenig befahrene Asphaltband gefährlich rutschig, gefährlich entlegen. Dann ist sie ängstlich, hier traut sie dem Mercedes nicht, da ist ihr schon wieder das Heck zur Seite gerutscht, immer in der gleichen Kurve, aber er wird ihr Steinplatten in den Kofferraum legen, nächstes mal wird sie nicht aus der Kurve schlittern, den Berghof schon vor sich, wo zwei Schimmel mit dreckverkrusteten Kruppen unter Birken stehen. Sandra bedauert, daß sie mitten durch den Hof fährt, eben weil die Straße halt hindurchführt, sie bedauert den Hof, der Heimlichtuer wie sie passieren lassen muß, und Leute, die hier nicht hergehören und doch nichts lieber tun als diese Abkürzung zu nehmen. Manche schleichen auch. Weil nach rechts das ganze Tal zu sehen ist. Weil man sich kaum daran sattsehen kann. Weil es wie in einem Bilderbuch erscheint. Alles ist wie gekämmt und frisiert, beackert und bepflanzt und im rechten Maß bewohnt. Nichts stört das

Bild, kein moderner Wohnblock, kein Atomkraftwerk, nichts. Der Kirchturm spitz, wie es sich gehört. Die Obstplantagen auf den flach ausrollenden Hügeln, die entfernteren Dörfer, alles gleichmäßig unregelmäßig, wie zufällig und wie Musik. Sandra hört oft Musik, wenn sie so fährt, am Rand des Salemer Tals entlang auf geheimen Abwegen, versonnen, verträumt, wo sie hätte nachdenken können. Im Vorgenuß, wo doch nur ein bitterer Nachgeschmack kommen konnte. Getrieben, ohne innezuhalten, war jeder blühende Baum in ihr eigenes Aufblühen einbezogen, das flammende Laub im Herbst eine passende Entsprechung, ein Beweis, daß sie diesen Weg nehmen mußte. Sie erreicht Baufnang, greift ein kurzes Stück auf die Hauptstraße zurück und biegt wieder ab, hinunter nach Bruckfelden, eine kleine Serpentine ist zu nehmen, am Rosenspalier des Obstbauern vorbei, das von Spaziergängern geplündert wird, erzählte der Bauer, als der Wagen mal schlappmachte gerade auf der Höhe seines Hofs, unten an der Brücke. Zu Bruckfelden gehört auch ein Bach, Bruckfelden, das lieblichste Dorf, wie geheimgehalten hinter dem Baufnangbuckel, sie kann nie hindurchfahren, ohne alle zu beneiden, die dort wohnen, nie. Aber man ist schnell hindurch, man streift es nur, noch immer gleitet man am verborgenen Rand des Tals entlang, nicht viele wissen davon, aber die es wissen, bummeln und zuckeln, an ihnen ist kein Vorbeikommen, manchmal ist sie fast soweit, daß sie hupt, schließlich will sie in begehrlichen Armen ankommen, will umschlossen sein, davongetragen werden, und hier wird sie aufgehalten, ärgert sich, verliert die Lust zu phantasieren, versucht zu überholen, obwohl das unmöglich ist, Richtung Riedhof ist die enge Straße eine zeitlang gerade, dort geht es ab nach Altheim, Frickingen, aber sie will ins Aachtal, dessen Kurven Achterbahn mit ihr fahren, weil schleimige Blätter die Fahrbahn rutschig machen, oder der Schlamm von Treckern, von Waldarbeiten, oder natürlich Schnee und Eis, hier wird es ernst, die Straße stürzt ein wenig, kippt weg in die Dunkelheit der umso höheren Bäume, je tiefer es geht.

Dort ist ihr auch der Dachs begegnet. Sie hat nicht gewußt, daß Dachse so groß sind, und so unheimlich. Man konnte nur an der Fortbewegung erkennen, was vorn und hinten war. Er hatte es nicht eilig. Sie mußte warten, ihm Zeit lassen, hatte noch nicht einmal das richtige Wort für dieses Tier, konnte erst mehreren Gesprächen entnehmen, daß es sich um einen Dachs gehandelt hatte. Und ausgerechnet das Aachtal ist eine Rennstrecke. An dieser kurvigsten, schmalsten Waldgerade will sich jeder messen, austesten. Selbst Sandra, die sonst nicht rast, rast jetzt, gleich wird sie da sein, alles wird klar sein, sie wird bei ihm sein. Wann hätte sie nachdenken können? Der Weg veränderte sich täglich, und jede Veränderung war neuer Zuspruch, jedes Hindernis eine Herausforderung.

Aber wenn sie zurückfuhr, dann verkehrten sich alle Vorzeichen. Die Steigung hoch Richtung Daisendorf war der untergehende Sonnenball spektakulär, ein umgekehrtes Entree. Nochmal über eine bewaldete Hügelkuppe, und wenn man dann aus dem Wald kam und die an die Hänge geschmiegten, von der Sonne weißgleißenden Häuser sah, vor dem Hintergrund der Weite des Bodensees, überragt von den schneebedeckten Gipfeln der Alpen, war das das eindrucksvollste Bild.

Sie konnte es drehen und wenden, wie sie wollte, sie hatte sich verfahren. Die Orientierung verloren. Was einmal nur ein Hin und Her gewesen ist, stellte sich als unüberbrückbare Entfernung heraus. Sie war immer weiter und dann zu weit gegangen. Als der eine wie eine zerbrochene Puppe auf dem Boden lag und nur noch sagte: „Geh, geh!". Als der andere sich so verzweifelt an sie klammerte, daß sie wegrannte. Nicht mehr wußte, wer sie war. Als sie neben dem einen oder dem anderen lag und ihren rasenden Puls spürte, sah, hörte, als sie jedem der Aufgeregten sagte, warte, warte nur, ich bin gleich wieder da, ich muß nur noch schnell mal eben zu dem anderen …

Jetzt ist sie zum Neutrum geworden. Frauen über 50, sie hat Auslandserfahrung, sind für Männer weltweit uninteressant. Sie hat es an anderen beobachtet. Auch ein Atombusen kommt nicht mehr gut an, wenn sich ein faltiges Gesicht darüber befindet. Das allmählich verebbende

Interesse der Männerwelt war unerwartet. Noch überraschter war sie davon, sich in diesem Desinteresse eingerichtet zu haben wie in einer neuen Umgebung, fremd, aber ungefährlich. Deswegen ist sie so unbekümmert, plantscht und aalt sich, schwitzt und dampft, steht in der weißvergipsten Eishöhle, was schon optisch Abkühlung verspricht, spratzelnd kullert neues Eis aus der unsichtbaren Maschine in ein bereitgestelltes Becken, wo sich ein unberührter Berg Eis befindet, in dessen Unberührtheit sie eingreift, sich das schmelzende Eis auf die erhitzte Haut reibt und auf das glühende Gesicht, um die Poren zu schließen –

„Nicht auf die Schläfen", sagt eine Stimme hoch aufgerichtet hinter ihr. Sie sieht aus den Augenwinkeln einen weißhäutigen, bärenstarken Typ.

„In die Kniekehlen und auf die Handgelenke, um den Puls zu beruhigen", sagt er, „nicht auf die Hauptarterien."

„Ach echt", sagt sie, „weiß ich gar nicht".

„Das weiß ich vom Sport", sagt er. Im Moment steht er so überragend da, daß er den Ausgang aus der Höhle versperrt, aber sie fühlt sich nicht bedrängt, beide reiben sich Eis auf die Handgelenke, in die Kniekehlen. Sie sieht nicht zu ihm hin.

„Ist echt toll hier", sagt er, „und besonders, wenn man nette Leute trifft".

Ein Wort ergibt das andere, während sie kaum hinsieht. Als sie hinausgehen, fragt er nach ihrer Telefonnummer. Sie gibt sie ihm, weil sie das Ganze für eine Art Konversation hält, weil sie nicht weiterdenkt, oder weil ihre Nummer inzwischen bedeutungslos geworden ist, eingebettet in ein Niemandsland des Desinteresses, das kein Echo mehr kennt und keinen Widerhall. Sie geht zum Abschluß unter die Dusche, wäscht sich, glättet sich, putzt sich, und erst, als sie sich umdreht, sieht sie den Eisbär hinter sich, der reglos unter der laufenden Dusche steht und schwarzglitzernde Augen auf sie richtet. Sie ist irritiert, gewohnt, in aller nackten Verrichtung nirgendwo wirklich hinzusehen, sieht auch weiterhin nicht hin, so daß sie im Hinausgehen glaubt, sich womöglich getäuscht zu haben. Flüchtiges Hinsehen auf Nacktes läßt Umrisse verschwimmen, schon weiß sie nicht mehr, ob er es wirklich gewesen ist, und schon gar nicht, ob es sie empört.

Daheim krabbelt sie in Schlamperpulli und Schlamperhose, das Gute am Alleinsein ist, daß man auf nichts mehr zu achten braucht. Als das Telefon klingelt, sagt er, daß er Carsten heißt. Ob er gleich mal vorbeikommen könnte.

„Nein, natürlich nicht", kichert sie, als wäre sie von neuem sechzehn, und denkt, was für ein Quatsch.

„Doch", sagt er, „Nur für eine Viertelstunde".

Sie ist es nicht mehr gewohnt, ungebetene Annäherungen abzuwehren. Sie hat diesen Mann nicht wirklich wahrgenommen. Er gehört zu den trapsenden Schritten neben ihrer Liege, zu dem enggedrängten Gewimmel nackter Körper bei den Aufgüssen, zu der weichen Wiese unter ihren Füßen. Wohin er nicht gehört: auf ihre Couch! Aber eine Viertelstunde klingt beiläufig genug, um gewährt zu werden. Er ruft erneut an, fragt nach dem Weg, sein Navigationsgerät spinnt, es lenkt ihn geradenwegs in eine Hecke. Sie dirigiert ihn, empfängt ihn, seine Schuhe nehmen allen Platz ein vor ihrer Türe. Der Riese sieht sich um in ihrer Wohnung, und sagt nach kurzem Stocken höflich: „Gut." Wahrscheinlich ist er drauf und dran gewesen, ein Kompliment zu machen, bloß ist ihm nichts Passendes eingefallen, denkt sie. Wahrscheinlich hat er gedacht, das geht zur Not, denkt sie. Vergammelter Altbau, hinlänglich romantisch, aber sicher nichts für einen Immobilienmakler.

Nach zwei Trennungen bleibt auch einer Frau nicht mehr viel. Der eine Mann hat die Kinder, das Geschäft und das Haus, der andere den ganzen Freundeskreis und alles an Lebensstil. Sie läßt den Fremden auf dem durchgesessenen Sofa Platz nehmen. Er hat ein Haus gebaut am See, sagt er, bei Wasserburg. Das ist weit genug, um ihm nötigenfalls aus dem Weg zu gehen, denkt sie, als er fragt,

„Darf ich deinen Busen nochmal sehen?" „Nein", kichert sie wieder unbedarft und stellt fest, daß sie alles vergessen hat und keineswegs, trotz allen Badens, mit allen Wassern gewaschen ist.

„Du bist doch sicher viel jünger als ich", sagt sie, er

zuckt gleichgültig die Achseln, „fünfunddreißig".

„Ich bin fünfzig", schießt es aus ihr hervor, das mußte er jetzt wohl einsehen. Daß das nicht geht. Sichtlich verdutzt, zögert er kurz, befindet jedoch, ältere Frauen seien für ihn interessanter, denn die wüßten, was sie wollten. Damit meint er Sex, dachte sie. Wenn du wüßtest, wie wenig ich weiß, was ich will, dachte sie.

„Oder anfassen", sagte er, „darf ich deinen Busen anfassen?" „Ja", sagte sie. Das war ihr nur so rausgerutscht. Sie sagte so unwillkürlich ja, wie sie immer zu den Kindern ja gesagt hatte, die an ihren Busen stupften, ihn austesteten, hochhoben, von ihm trinken wollten. Da kommt aber nichts raus, sagte sie, aber die Kinder sagten, das macht nichts, kamen näher, nuckelten zufrieden, stumm, teils schon achtjährig, das hat sie immer verblüfft, daß auch fremde Kinder auf ihren Busen so losgingen, ihn vereinnahmten, so selbstverständlich, daß sie es nicht verwehrte, nie. Denn so, dachte sie, werden sie es leicht wieder vergessen. Sie hat einen kleinen Jungen an ihren Busen gelassen, der anfangs damit Ball spielte und dann auf ihr drauf einen Geschlechtsverkehr imitierte, das mußte er bei seinen Eltern gesehen haben, sie ließ ihn machen, er würde es gleich wieder vergessen. Jetzt war ihr dieses Ja entschlüpft, dieses Kinder-Ja, und seine Hand war schon da, wo sie ihrer Meinung nach nicht hingehörte, wirklich nicht, aber besonders schaden konnte es nun auch nicht, und zu bestaunen war er nun doch, der Busen unter dem hochgeschobenen Pullover.

MARTIN STOCKBURGER
Die Tage der Literatur

Auszüge aus einem längeren Text

Gestern war die Eröffnung der Literaturtage in Konstanz. OB Frank und ein Staatssekretär hielten Reden. Das Motto ist „Grenzenlos". Dazu lasen Annette Pehnt, Catalin Dorian Florescu und Arno Geiger. Geiger war am besten. Traf Oliver. Ließ Geiger *Es geht uns gut* signieren. Er ist sehr nett, sprach mit mir. Sein Vater hat Alzheimer, worüber er schreibt. Oliver meint, ich solle mich an seinem Bücherbrett beteiligen. Er sprach lange mit Daniela Warndorf. Moderator war Hansgeorg Schmidt-Bergmann. Frau Bergmann ist nicht mit ihm warm geworden. Das Ganze war im Neuwerk. Die Musik war eher störend.

Schon zurück. In die Stadt. Viertel vor neun. Der nächste Termin. Die Lesung der Autorengruppe Siebter Stock. David Wellbery wurde die Ehrendoktorwürde der Universität Konstanz verliehen. Er hielt einen Vortrag, betitelt *Kafkas Wunsch* über Kafkas *Wunsch, Indianer zu werden*. Der Vortrag war nicht so besonders. Ich döste. Vergleich mit Stellen aus Wittgensteins Tagebuch und anderen Philosophen und Malern.

Gestern bei drei Lesungen. Angelika Overath, Martin Walser und Björn Kern. Es gab so vieles. Am Vormittag regnete es. Lieh chinesische Liebesgedichte, Gedichte an Frauen und Trakls *Dichtungen* aus. Sah die Ausstellung der baden-württembergischen Autoren an. Kaufte ein bei Aldi. Fahrt zum Flugplatz. Düstere kalte Halle mit schlechtem Licht. Jazzmusik. Raimund Stehle war da. Einführung von Braumann. Weibliche Stimme der Autorin. Fragen an die Autorin. Das Buch ist nicht so toll. Ließ meine *Genies und ihre Geheimnisse* signieren, Signatur mit Bleistift, und fuhr dann zum Konzil. Kopitzki begrüßte mich am Fußgängerüberweg. Einführung von Liebl-Kopitzki. *Ein liebender Mann*. Eine fotografierte Walser. „Bitte, nicht fotografieren." Walser störte auch das Dröhnen der Lüftung oder Heizung. Nach einiger Zeit war es geschafft, das auszustellen. Fragen von Liebl-Kopitzki. Walser erzählte von Übersetzungen. Chinesisch. Schwedisch. Italienisch.

Rückfahrt. Dann aß ich zu Abend. Um neun zur Lesung von Björn Kern. Er las das zweite Kapitel seines Romans, der im Frühjahr erscheint. Thomas Kuphal und Sibylle Hoffmann waren da. Bernadette Conrad befragte den Preisträger. Frank ging nicht mit ins Wessenberg. Anita Fitz. Walser wurde von Anselm Venedey als antisemitisches Arschloch bezeichnet gegenüber Kopitzki. Wegen Rauchens des Lokals verwiesen. Einem Biedermann aus Überlingen gab ich einen 'Wandler'. Zurück um halb zwei. Bei *52 beste Bücher* Ilma Rakusa. Nicht schlecht. Im Presseclub über Bildung. Björn Kern und Berlin. Görlitzer Park. Türken. Sarrazin. Jury für den Grimm-Preis. Ulrike Kolb. Natascha Wodin.

Jetzt bin ich unterwegs. Fließen die Gedanken? Ich bin doch so müde. Nichts eröffnet sich. Wann werde ich wach sein? Leben im Dämmer. Um es ertragen zu können. Vergebliche Versuche. Alles ist doch so klar. Sie steht da in Stöckelschuhen. Jeans und schwarze Jacke. Dunkle Locken. Mühsames Schreiben.

Gestern war ich bei der Diskussion über Wilhelm von Scholz in der Villa, in der er gewohnt hatte. Großes Gedränge. Anita war da. Oettinger. Kopitzki wollte einen nicht reden lassen, der Texte von von Scholz vortrug. Dieter empfahl mir, *Holzrauch über Heslach* zu lesen.

Warten auf den Bus. Mittagspause. Kaltes Wetter. Das Telefon funktioniert wieder nicht. Warf die bio-bibliographischen Angaben bei Bergmann ein. Anja Kohl in der *Kurt-Krömer-Show*. Lesen der chinesischen Gedichte. Sibylle Berg bei Harald Schmidt.

Am Dienstag war ich bei der Lesung von Peter Salomon.

Sehr witzig. Las die Texte über Maria Beig und Martin Walser und autobiographische Gedichte. Über den Gärtner. Über Wittgenstein. Über Bubi Scholz und Thomas Mann. Frau Grashey saß neben mir. Ging gleich nach dem Ende. Schaute *Literaturclub*. Über Peter Stamm, Kathrin Schmidt, Roberto Bolaño und den afghanischen Autor. Gast war Lukas Bärfuss. Sie reden über ihre Brillen. Schlechter. Neue Fassung haben. Spiegelt so rein. Kein Rand. Irgendwas Neutrales. Dünn und schwarz. Ziemlich egal. Muß man immer tragen. Lila. Kannst ja das Gestell tauschen. Beihilfe sieht das anders. Gleicht sich an. Links und rechts. 0,25. Wechselt bei mir. Beide werden immer schlechter.

Mich vergewissern. Ich hier in diesem Trubel. Sonne in der Stadt. Die Menschenmassen. Was macht hier die Literatur? Der Fremdkörper Literatur. Alles ignorieren. Mein Weg. Das Sitzen. Die Schwierigkeit. Das Ritual. Die Verunsicherung. Ich panzerte mich gegen die Welt. Was tue ich hier? Ich erprobte die Sätze. Der Blick von oben. Die Vögel. Ich wußte nicht mehr weiter. Es ging weiter. Grüne Bäume und gelbgrüne. Jetzt kommt der See. Ich genoß jedes Wort. Die schönen Alpen. Die Berge. Das Wackeln ihres Hintern. Ich sah die Häuser und Bäume. Die vertrauten Wege. Litt ich? Es ging den Berg hinauf. Ich beschrieb die Fahrt. Die endlose Fahrt.

Mond über den Häusern. Lichter in der Stadt. Autos auf den Straßen. Wer ist in den Zimmern? Wer fährt über die Brücke? Der See ist wie der Himmel. Die Bäume schwarz.

Sonntag. Regen. Gestern die lange Lyriknacht. Claudia Gabler. Sabina Naef. Swantje Lichtenstein. Timo Berger. Nathalie Schmid. Simone Hirth. Jürg Halter. Moderation von Matthias Kehle. Las gestern seine beiden letzten Bücher. Las auch Walle Sayers *Den Tag zu den Tagen*. Sprach mit Felicitas Andresen und Matthias Kehle. Kaufte gestern ein Telefon. Es funktioniert wieder nicht. Heute verkaufsoffener Sonntag mit Bücheraktionen. Um elf die Lesung von Ulf Stolterfoht.

Regen. Der Regen. Sprach mit Klaus Isele. Am Pfosten steht der Wettering.

Wettering setzte sich neben mich. Sprach mit ihm. Er erzählte von seinem Fotografieren. Er fährt bald nach Paris.

Der Bus fährt durch die Nacht. Leichter Regen. Habe fünf neue Bücher. Von Peter Stamm *An einem Tag wie diesem*, eine Gedichtanthologie vom Leonce-und-Lena-Preis. Eine Heimat-Anthologie und eine andere Anthologie vom Drumlin Verlag und eine kleine Anthologie vom Keicher Verlag. Las Gedichte der gestrigen Autoren, außer Simone Hirth, die in *Lyrik von jetzt zwei* vertreten sind. Sah die dritte Auflage von *Kindlers Literaturlexikon* an. So rundet sich dieser Tag. Die Umstellung der Zeit. Es ist erst 22.25 Uhr, doch ich bin schrecklich müde. Schlief schlecht letzte Nacht.

Ich sitze und schaue. Was wartet auf mich?

Was wartet auf mich? Swantje Lichtenstein moderierte Stolterfohts Lesung. Ihre Frisur. Nur auf der oberen Hälfte des Kopfes längere Haare. Diskussion über die Situation der Lyrik. Vorlesen und eigene Lektüre. Lyrik als DVD. Dieter beklagte den Lärm der Lüftung. Muß man Namen erklären? Norbert Wehr. Widmungs- und Geburtstagsgedichte. Heißenbüttel. Wer kennt Heißenbüttel? Swantje ist Professorin. Sie veröffentlichte einen Gedichtband im Rimbaud Verlag. Ich traf sie in Irsee. Was sagte sie zu meinem Text? Ich weiß es nicht mehr so genau. Ich fand keine Aufzeichnungen. Claudia Gabler las in Überlingen. Mir gefiel ihre Lyrik nicht. Preise massenweise. Isele riet mir, mein Buch als Book on Demand zu veröffentlichen.

Die Rückfahrt. Ich wollte doch so vieles sagen. Jetzt fällt mir nicht viel ein. Mein Brief an die Welt. Ich sitze in der Sonne. Ich meine, im Sonnenschein. Heute morgen hatte es Nebel. Ich dachte an so vieles.

Gestern Splitternacht. Siegi Schopf und Klaus Rothe lasen. Am besten war Philipp Röding. Ging bis nach zehn. War noch bei Claudia. Las kurz weiter in dem *Wutz* von Jean Paul. Lese jetzt Jean Paul, vorerst nicht weiter in Ralf Rothmann, der mir recht gut gefällt. Was war sonst? Viel Arbeit. Vorgestern war die Lesung von Peter O. Chotjewitz im Palmenhaus. Gestern sprach ich die Frau an, die auch dort war. Interessiert sich für mich. Sie ist bei der Deutsch-Rumänischen Gesellschaft. Kennt Peter Braun. Ich sehe schlecht. Alles verschwommen. Muß ich zum Augenarzt? Das Telefon geht wieder.

Warten auf die Lesung. Peter Stamm. Sitze im Fährhaus in Staad. Dunkel vor den Fenstern. Habe einen Gutschein über 25,- Euro gewonnen. Sagte mir Frau Braumann. Wird mir zugeschickt. Man mußte in neun Geschäften Zeilen aus einem Gedicht in ein Formular eintragen. Es waren Zeilen aus dem Gedicht *Der Lesende* von Rilke. Attraktiver Mann. Ist hier noch frei? Das Rauschen. Recht voll hier. Wann geht es los? Hat er gesagt. Ja. Ja. Der Autor nimmt Platz.

Die Haltestelle. Der Mittag. Wie war die Lesung? Wie es eben so ist. Ich kannte den ersten Teil der Lesung. Wie Alex Iwona kennenlernt. Dann las er noch über die Reise mit Sonja nach Marseille. Ulrike Blattert moderierte. Eine Schweizer Lehrerin. Ließ mein Buch signieren. Schrift mit Füller. Vorname etwas undeutlich. Fuhr dann an die Uni. Blieb bis Viertel nach zwölf. Zeitungen. 'Allmende'. Michael Stauffer. Andrea Stift. Der WG-Roman.

Das Gedränge im Bus. Der Nebel in der Nacht. Dachte an Karin. Las die chinesischen Liebesgedichte zu Ende. Zu Abend aß ich eine Butterbrezel und an der Uni noch ein Eis. Las einige Seiten Jean Paul. „Aufmachen", rief eine. Sie war zu langsam. Kleine dunkelhaarige Frau in grauem Rock und schwarzer Jacke. Randlose Brille und Ohrgehänge. Ich denke, sie ist eine Italienerin. Links die Bäume mit dem gelben Laub. Wie wird die Lesung werden? Meine Lesung am 11. November. Was soll ich lesen? Die Bücher.

Die alten Bücher. Claudia rief heute morgen an.

Der Fortgang der Geschichte. Ich eilte auf den Bus. Er steht noch immer. Das Erzählerische. Das Angehen des Motors. Die Heranrennenden. Ich schaue nach hinten. Eine unterstreicht etwas in einem roten Buch. Mein Hemd ist blau. Meine Jacke ist braun. Der Bus fährt langsam. Das gelbe Laub fliegt vorbei. Einer gähnte. Hier fuhr ich gestern oder besser heute. Was sehe ich? Junger Mann mit Kabeln aus den Ohren. Sie schloß ihr UTB-Buch. Mann mit grünen Ohrhörern. Die eleganten Leute. Schal und Stiefel. Schwarze Hose. 5,- Euro mehr als du. Der Eintritt kostet mehr. Mit Brille. Ich bin auch elf.

Freitag. Es geht wieder besser. Arbeit bis um sieben. Erwarb Cormac McCarthys *Die Straße* und Čechovs *Kirschgarten* durch Tausch gegen 'Wandler'-Zeitschriften. Las Zeitungen. Bericht über die Splitternacht. Klaus wurde nicht erwähnt. Unvorteilhaftes Foto von Siegi. Der Satiriker aus dem Osten wurde als Höhepunkt angesehen, Röding als Talent. War in der Literaturbox von Philipp Schönthaler mit der Lesung vom Band über Turner. Nebel in der Stadt. Kaufte bei Aldi ein. Mambo und Cha-Cha-Cha. Maybrit Illner und Harald Schmidt. Las nichts. Heute morgen das neue Album von Morrissey.

Schneller. Leck mich am Arsch. Seh ich schon den Bus. Das ist das Gefängnis. Seit fünfzehn Jahren im Gefängnis. Vielleicht eine Woche. Was der gemacht hat. Konstanz und Wollmatingen. Fettes Zeichen. So krank. Du siehst es überall. Wenn du weißt, von wem es ist. Fast durchgedreht. Voll lustig. Gesprayt. Haben ihn angezeigt. Okay. Ja. Nee. Egal. Ich kenn den nur so flüchtig. Ich kannte den schon mit fünfzehn Jahren. Hallo. Hallo. Gar nicht gesehen. In die Stadt gehen. Ich hab schon gesagt, daß ich nach Hause gehe. Um neun oder so. Ja, schon. Ciao. Du mußt im Internet kucken, welche Apotheke offen hat. Jetzt fahre ich zu Claudia. War bei der Jahresversammlung von Forum Allmende. Heute vormittag die literarische Stadtführung mit

Monika Küble. Was war gestern? Stadtbücherei. Mittagessen. Um 13.30 Uhr die Lesung der Mitglieder vom Forum Allmende. Von acht bis neun in der Krone. Dann die Lesung von Anna Katharina Hahn. Wachte auf in der Nacht. Las die *Bleistiftgespinste* von Werner Lutz.

Ich traf Claudia. Sie gab mir Saft und Kuchen. Die Autos haben die Lichter an. Die Scheibenwischer wischen über die Frontscheiben. Las letzte Nacht *Frontalknutschen* von Louise Rennison zu Ende. Ein Tagebuch einer Schülerin. Ein Jugendbuch. Die Frau mit der braunen Hose. Schwarze Stiefel. Pferdeschwanz.

Die offene Tür. Gestern war die Lesung von Joachim Zelter. Er las aus *How are you, Mister Angst?* War recht witzig. Las auch aus Briefe aus Amerika. Der Deutschunterricht. Die Schwierigkeiten des Dozenten. Yale University. Das System in den USA. Peter Renz moderierte. Zelter schreibt für das Zimmer-Theater. Der Vortrag des Dozenten in Tübingen. Zelter schätzt Pinter und Beckett. Wachte auf in der Nacht. Las den *Wutz* zu Ende. Felicitas war im Bus auf der Herfahrt. Sie holt eine Klausur bei einem Dozenten ab. Wir sprachen über Zelter. Die Sonne scheint. Genau. Okay. Sandalen.

Das Gedränge. In Erwartung Stadlers. Ich sitze auf meinem Sessel.

Stadler. Er las wieder aus *Einmal auf der Welt. Und dann so.* Dumpfer Katholizismus. Erinnerungswunde. Der Ich-Erzähler beim Arzt. Moderation von Liebl-Kopitzki. Hat den Kleist-Preis bekommen. Will keine Lesungen mehr machen. Hält Reden gegen den Bildersturm in Ulm und Stuttgart. War in Istanbul. Ließ *Ich war einmal* signieren. Hat mein Buch noch nicht gelesen. Hat mit Kopitzki über mich gesprochen. Will sich melden. Ging dann in die HTWG-Bibliothek. Las die ersten vierzig Seiten von Cohens *Lieblingsspiel*. Sehr gut. Las Werner Lutz' *Nelkenduftferkel*.

Die Haltestelle. Der Abend. Rotgelbe Wolke über dem roten Turm. Fahre an die Uni. Zur Lesung von Ilma Rakusa. Gestern Bestenliste. Grossmann. Seiler. Kronauer. David Wagner.

Jetzt bin ich heute dreimal hierher gefahren. Die Lesung von Ilma Rakusa. *Mehr Meer*. Ließ meine Anthologie *Einsamkeiten* signieren. Sieht aus wie die Schrift einer alten Frau. Kaufte um sieben im Kaufland ein. Fuhr dann zum Seerhein. Gespräch über Jean Paul. Fand nicht die Bibliothek in dem Ellenrieder-Gymnasium, wo die Lesung von Perikles Monioudis war. Fuhr kurz vor zehn zur Uni-Bibliothek. Las in Goetz' *loslabern*, schaute die anderen Neuanschaffungen an, schaute den 'Südkurier' durch und las die Rezension über Goetz in der 'taz'. Gestern las ich Precht im 'Spiegel' über den Streit zwischen Sloterdijk und Axel Honneth.

Jetzt sind also die Literaturtage vorbei. Gestern war ich noch bei dem Poetry Slam. Acht Slammer lasen. Gewinner wurde einer mit einem japanischen Namen, der nicht gut war. Wehwalt Koslowsky und Lasse Samström wurden zu schlecht beurteilt. Erster mit einer Faustparodie, zweiter mit Text über St. Pauli mit vertauschten ersten Buchstaben von Wortteilen. Matthias Kehle war da. Er fand auch die Jury schlecht. Auch der Österreicher war besser als der Gewinner.

Dann nimmste die Kugel und schmeißt sie gegen den Räuber. Mama, das ist fies, der hat mich mit seiner Lanze berührt. Ich find, die Frau hat sich gebessert, ist netter geworden. Mein Spezialprogramm sagt, daß da noch was übrig ist. Nein, aber Schokolade. Bescheuert. Beim Zug gibt's das ja. Das Sammeln der Geschichten. Das Notieren der Geschichten. Vorgestern stand das Paket mit den sechs Büchern vor meiner Tür. Gestern holte ich Geld und heute überwies ich den Rechnungsbetrag. Braunes matschiges Laub auf dem Gehweg. Schlief gut.

MONIKA TAUBITZ
Die Reise über Grenzen

Mit meiner Fahrkarte ist alles in Ordnung. Das bestätigt mir jedenfalls der Schaffner oder vielmehr das kleine Gerät, mit dem er Datum und Uhrzeit auf meinen Fahrschein stempelt. Was er gesagt hat, habe ich nicht verstanden.

Die wenigen Ausdrücke, die ich kenne, wie „Dzien dobry", „Prosze", „Dziekuje" oder „Do widzenia" waren jedoch nicht unter den Wörtern, die er zu mir gesagt hat. Vielleicht hat er mir ja eine gute Reise gewünscht? OK antworte ich mit fragender Betonung. Er nickt und geht weiter, längst daran gewöhnt, von Fremden nicht verstanden zu werden. Von Fremden?

Der Mann mir gegenüber blickt nun von seiner „Gazeta Wyborcza" auf, mustert mich kurz, findet offenbar seine Vermutung bestätigt und versenkt sich wieder in die Lektüre seiner Zeitung.

Jetzt sehe ich mir die anderen Fahrgäste genauer an. Eine Frau, ihre große Handtasche auf dem Schoß fest an sich gepreßt, hat die Augen bereits wieder geschlossen, nachdem der Kontrolleur weitergegangen ist. Zwei Burschen, die sich lebhaft unterhalten und ein paar Mädchen in ihrer Nähe, die verhalten kichernd zu ihnen hinüberschauen, besetzen die Plätze auf der anderen Seite.

Der Arbeiter neben mir dreht am Verschluß seiner Thermosflasche und bemüht sich, einen Becher vorsichtig balancierend mit Tee zu füllen. Vergebens! Der Waggon rüttelt und schüttelt, durch irgendwelche Weichen und sich verzweigende Schienenstränge unruhig geworden, gerade in diesem Augenblick.

Ich blicke hinaus. Während der kurzen Unterbrechung meines Schauens fällt mir auf, daß wohl keiner außer mir einen Blick aus dem Fenster wirft in eine Gegend, die anscheinend für niemanden etwas bereithält.

Offenbar lohnt es der Mühe nicht, irgendetwas Interessantes dort draußen erwarten oder erspähen zu wollen. Die Gewöhnung, die sich bei Pendlern unwillkürlich einstellt, dämpft ihre Lust, in eine Landschaft hinauszublicken, in der es angeblich nichts zu sehen gibt. Da müßte sich schon etwas Besonderes, ein Unfall vielleicht, auf der parallel zur Bahnlinie verlaufenden Landstraße ereignet haben.

Aber es ist nichts geschehen. Auch ist keiner von denen auferstanden, die lange zuvor, über den Bahndamm flüchtend, von Tiefffliegern gejagt wurden. Jetzt scheint selbst der Blick an die vielfach gelochte Waggondecke interessanter zu sein oder auf die kleine Teepfütze am Boden, die inzwischen ein abstraktes Gebilde zustande gebracht hat. Ich lasse mich nicht weiter ablenken, und niemand will mich von meinem Schauen abhalten.

Dort draußen das flache Land, die unendlich erscheinende Ebene, die unbegrenzte Weite im Dezemberschnee, vom Abteilfenster umrahmt! Langsam zieht sie vorüber, trotz rascher Fahrt die Motive kaum wechselnd. Alte Bäume, winterkahl, struppiges Buschwerk und als seltene Unterbrechung, das frische Ziegelrot eines jüngst gedeckten Daches, darunter der Rohbau eines Hauses, einer künftigen Herberge und Heimstatt.

Nicht weit davon ein Schornstein, ein kohlschwarzer Zeigefinger, der das Zerfallende noch überlebt hat, himmelwärts deutet und unbeachtet seine Geschichte erzählt, die hier wahrscheinlich niemand zur Kenntnis nimmt. Ich erführe sie gern.

Schon ist das Dorf vorüber gezogen. Sein Kirchturm blickt mir nach. Hinter einer geschlossenen Schranke wartet ein Auto. Dann wieder Felder, unvermessene Weite unter der weißen Decke, die bis zum fernen Horizont ausgedehnten Flächen von unbeschriebenem Schnee, über die leichte Nebelschwaden schweben. Bis zur nächsten Station.

Nun kommt etwas Unruhe auf. Der Mann mir gegenüber faltet die Zeitung zusammen und erhebt sich, weckt dabei vorsichtig die Frau auf, die ihre Füße sogleich zurückzieht, ihn vorbeiläßt, daraufhin etwas umständlich aufsteht, um sich auf dem nun freien Fensterplatz niederzulassen. Viele der Schüler drängen hinaus, springen auf den Bahnsteig. Bunt und quirlig erwecken sie für kurze

Zeit den leer dastehenden Bahnhof zum Leben und scheinen sogleich vom Nichts, das sich dahinter auftut, verschluckt zu werden.

Danach ein Ruck, der sich durch die Reihe der Waggons fortsetzt. Kurz nach der Abfahrt gerät eine Straße ins Blickfeld, die vom Irgendwoher kommend, ins Irgendwohin zu führen scheint.

Die Frau, die etwa in meinem Alter sein mag, sitzt mir nun gegenüber und versinkt wiederum ins Dösen. Mir ist es recht so. Ungestört halte ich Ausschau nach dem Faszinierenden des ewig Gleichen, das die großen Ebenen zu bieten haben, wenn man ihre Geschichte kennt. Die zur Geschichte im eigenen Innern wird.

Gedankengänge, unterbrochen durch den Klang fremder Laute. Soll ich mich darauf einlassen? Erwartet mich eine Störung oder die große Ansprache, die ich erhoffe und doch nicht verstehen würde? Soll ich mich losreißen, zurückkehren vom freien Feld meiner Gedanken?

Ein Blick wird seit einigen Augenblicken auf mich gerichtet, zieht etwas in mir zu sich hinüber. Das spüre ich mit drängender Intensität. Die fremde Frau hat ihn ausgesandt. Was will sie von mir? Was denkt sie sich wohl dabei, mir diesen Blick zu schicken? Daß da wieder eine Fremde ist, eine von diesen Leuten da, die immer noch kommen, eine Ausländerin, die sich in diesen Zug verirrt hat? Abseits der Hauptstrecke, auf der die Leute von Welt fahren. Geschäftsleute, die meist von Hamburg über Berlin und Wroclaw nach Krakow reisen?

Als wenn ich hier nichts zu suchen hätte? Aber ich habe etwas zu suchen, denn ich habe etwas verloren, wenn ich das einmal sagen dürfte, und das suche ich hier. Immer auf Reisen, oft dabei abseits der bekannten Routen, suche ich nach einem Bild, arbeite ich an diesem Mosaik, das noch Lücken und Bruchstücke aufweist.

Schließlich gebe ich nach, wende den Kopf und schaue sie an. Freundliche Augen ruhen auf mir. Kein Neugier verratender Blick; etwas ganz anderes kommt daraus auf mich zu. Nachdem sich unsere Augen getroffen haben, spricht sie mich an, auf eine leise und behutsame Art.

Ich verstehe natürlich kein Wort, und sie scheint zufrieden zu sein, daß es so ist, daß sie mich richtig eingeschätzt hat. Mich, die Fremde, die wiederum auch keine Fremde hier ist. Sie weiß etwas über mich, denke ich, ohne mir je zuvor begegnet zu sein.

Da verschränkt die Frau die Arme vor ihrer Brust, beginnt damit ein sanftes Hin und Her, wie um das Wiegen eines Kindes anzudeuten. Liebevoll betrachtet sie dabei für eine Weile die grünen Ärmel ihrer bereits etwas schäbig gewordenen Strickjacke und das fehlende Kleine darauf, als spräche sie ihm Trost zu.

Wie oft mag sie ihre Kinder so gehalten haben? überlege ich. Waren es vier oder fünf kleine Wesen, denen sie vor Jahrzehnten das Leben geschenkt hat und sie so wiegte? Vielleicht will sie mir erzählen, daß sie zu ihrer Tochter unterwegs ist, um ihre Enkelkinder zu hüten. Mehrdeutigkeit der Zeichensprache!

Offensichtlich wollte sie aber etwas ganz anderes ausdrücken, denn sie unterbricht die wiegenden Bewegungen. Hebt ihre Hand und deutet auf mich. Pani, du? fragt sie und zeigt danach durchs Abteilfenster hinaus auf etwas, das nun deutlich aus dem Weiß der Ebene auftaucht.

Dort, wie an den fernen Horizont gerückt, erscheint eine Baumgruppe, ein Hain vielleicht, und darüber erhebt sich knapp ein rötliches Turmdach über dem Geäst, behäbig, als wäre es das einzig Feste in dieser weißen Winterlandschaft. Borow, sagt sie. Markt Bohrau, sage ich und nicke.

Nun hebt sie beide Hände empor und berührt mit den Fingerspitzen ihre Augen. Unsichtbare Tropfen perlen herab. Pani, du? fragt sie und zielt mit ihrem Zeigefinger auf mein Herz. Danach wiederholt sie die Gesten und setzt hinzu: Ich!

Dabei deutet sie hinaus ins Weite, das sie mit ein paar Handbewegungen ins noch viel weiter Entfernte zu rücken scheint. Weit, weit nach Osten weist ihre Hand.

Soviel wissen wir nun voneinander, und das ist gut so. Vom selben Impuls bewegt, reichen wir uns die Hände, halten sie kurz und warm und mit festem Druck. Genau über dem bizarren Teefleck auf dem dunkelgrauen Boden treffen sie aufeinander und besiegeln ihr Einverständnis. Daß es damals so gekommen ist, dafür können wir beide nichts, zeigt ihr Achselzucken an.

Nun schauen wir in die weiße Landschaft hinaus, die neben uns her zu gleiten scheint. Und jede von uns muß an ihrer Geschichte weiterspinnen und dabei auf den Lebensfaden achten, der alles durchzieht, auch auf die lückenhaften Stellen, die mit der Zeit entstanden sind und die sich nur mit fantasiereichen Vermutungen ausfüllen lassen. Zu zweit schauen wir hinaus in unser gemeinsames Winterbild.

Aber das ist es ja! Nichts drängt sich vor oder dazwischen. Die Erinnerung hat wieder einen Mosaikstein entdeckt und fügt ihn ein. Einen dunklen und einen vergoldeten setzt sie genau an die richtige Stelle.

Der Zug hält bald darauf an einer kleinen Station mit einem Bahnhofsgebäude aus alter Zeit. Es steht mitten in der Landschaft wie verloren und von allen menschlichen Behausungen abgerückt. Mehrere Gleise zeigen jedoch großspurig die ehemalige Wichtigkeit dieser Haltestelle an.

Wäldchen – etwa eine halbe Stunde Bahnfahrt von Breslau entfernt! Im Spätherbst lagerten Berge von Zuckerrüben vor den Lagerhallen, die von polnischen Saisonarbeitern, - später waren es zu unserer Schande Zwangsarbeiter, - geerntet und hierher angefahren worden waren, bis sie von ihnen in lange Güterzüge verladen wurden, die sie zu den Zuckerfabriken weitertransportierten.

Nach 45 lagerten hier stattdessen Berge von Koffern und Säcken mit letzten Habseligkeiten, die den deutschen Einwohnern weggerissen worden waren, bevor die Miliz sie in die Viehwaggons bugsierte und weit, weit davontrieb.

Diese Berge wurden über Jahr und Tag nicht abgetragen. Regengüsse, einsetzende Dürre, Frost und Schnee taten ihr Werk. Möglicherweise suchten zunächst irgendwelche Schwarzhändler oder arme Teufel hier im Menschenleeren zwischen den sich häufenden Bergen nach Schätzen, mit denen sie in der nahen, weitgehend zerstörten Hauptstadt des Landes zwischen den Ruinen Handel treiben konnten.

Vielleicht schnüffelten aber auch verwilderte Hunde im Verrottenden nach Freßbarem, oder Wölfe hatten sich bereits bis hierher ins ehemalige Kampfgebiet vorgewagt, bevor sich fremde Menschen in den stehen gebliebenen Häusern der umliegenden Dörfer oder in einer Ecke der übrig gebliebenen riesigen Gutshöfe ansiedelten. Hier in der Fremde, die keine Fremde für uns gewesen ist.

An der Bahnstation Wäldchen also hält der Zug wie eh und je. Boreczek lese ich auf dem Schild, das die Station anzeigt. Die frische Schneeschicht deckt jedoch keine Berge mehr zu. Jetzt ist hier alles glatt, geordnet und weiß vom Vergessen. Im Spätsommer und im Herbst, so denke ich, werden sich dort inzwischen die Berge wieder erheben: golden, körnig vom reifen Weizen, der hier besonders gut wächst, oder ebenso, aber erdig schwer von sich türmenden Rüben. Und was sonst alles in dieser steinlosen Schwarzerde oder im fetten Lehmboden gedeiht.

Das plötzlich anschwellende Geräusch eines vorüberrasenden Zuges läßt die Abteilfenster erzittern und mich aus meinen Gedanken hochschrecken. Die Frau mir gegenüber zuckt ebenfalls erschrocken zurück. Unsanft ist auch sie aus ihrer Welt herausgerissen worden. Wir stellen verwundert fest, daß der Zug noch immer auf dem Bahnhof von Boreczek steht. Und wir haben es nicht bemerkt. So weit fort sind wir gewesen.

Nun lächeln wir einander zu. Das Signal zur Weiterfahrt ertönt. Es ist der Pfiff aus der Trillerpfeife des einsamen Bahnhofvorstehers, der sogleich die verspätete Abfahrt weitermelden wird. Langsam setzt sich der Zug in Bewegung, taucht uns in die frühe Dämmerung des Spätnachmittags, in der die Konturen der Landschaftsbilder undeutlich werden. Wir schauen trotzdem hinaus, bis die Lampen im Abteil eingeschaltet werden. Ein grelles, kaltes Licht blendet kurz die Augen. Dann versinkt die Schneelandschaft draußen im Dunkel.

Sich in der Fensterscheibe widerspiegelnd zwei Gesichter vor dem erloschenen, schwarz gewordenen Hintergrund. Wir lächeln erneut einander zu; unsere Augen haben während des verlängerten Aufenthalts auf dem Bahnhof von Boreczek viel gesehen. Doch das wissen nur wir beide.

Und ich sehe sie, die nur wenige Jahre älter als ich sein mag, in das junge Mädchen zurückverwandelt, das 1945 hierher verfrachtet worden war, in die Fremde geworfen wie wir, die wir damals an einer fernen Küste strandeten.

Mein Gegenüber ließ ich, da ich sie nicht befragen konnte, aus der heutigen Ukraine kommen, aus jenem Land, das ich vor wenigen Jahren während einer Reise kennenlernte, die ich mit einigen meiner Landsleute sowie mit Polen und Ukrainern kurz vor der „Orangenen Revolution" unternommen hatte. Wo wir einander über Gräber und Schatten hinweg die Hände gereicht und einander zugehört hatten. Eine Reise, die vieles in uns bewirkt hat und von der aus gesehen nun alles anders geworden ist.

Jetzt, ein paar Jahre später, stelle ich sie, die unbekannte Mitreisende, die für mich keine Fremde mehr ist, vor die prächtige Kulisse der hellen, vor die grünen Wolhynischen Höhen gelagerte Stadt Lemberg, die für mich ebenfalls nicht mehr fremd ist sondern vorstellbar bleibt.

Eine Hand winkt mir zu, deutet hierhin und dorthin, geleitet mich sodann auf den „Lyscakowski cmentarz", den alten polnischen Friedhof mit seinen verwitterten Grabsteinen und zahllosen Namen und der hinter dichtem Baumbestand verborgenen stummen Klage aus einem Wald von Kreuzen.

Nimmt mich mit bis Drohobycz, dessen vergangene Welt uns nur noch über „Die Zimtläden" des polnischen Dichters Bruno Schulz und die Erzählungen seines einstigen Schülers, des einzigen Juden dieser Stadt, der den Holocaust überlebte, vorstellbar geblieben ist.

Führt mich hinaus, übers weite Land Galizien schwebend, bis dorthin, wo vielleicht ihre Großmutter das Kreuz von der Wand ihrer Bauernstube abnahm und in den Sack fürs Allernötigste steckte, bevor sie fortgehen mußte. Und wir gelangen hinaus ins noch weiter Entfernte, in dem für mich alles im Unbekannten versinkt.

Nach kurzer Zeit blitzen da und dort vereinzelt Lichter auf, die sich nach und nach vermehren. Wir nähern uns der Großstadt. Wroclaw, sagt mein Gegenüber. Breslau, setzt die Frau hinzu, und mit Hilfe unserer Zeichensprache gibt es ein kleines Hin und Her, bis sie begriffen hat, daß ich hier geboren wurde und ich verstanden habe, daß sie hier ihre Kinder zur Welt gebracht hat.

An einem der Vororte will sie aussteigen. Ich helfe ihr in den Wintermantel; auch will ich ihr die schwere Tasche nachreichen, bedeute ich ihr, indem ich auf das Gepäckstück zeige und gleich darauf zupacke. Spontan legt sie ihre Arme um mich, drückt mich einen Herzschlag lang an sich, küßt mich dreimal auf die Wangen, links, rechts, links, wie es in Polen üblich ist und steigt aus.

IMRE TÖRÖK
Ruh köprü – Am feurigen Berg

Man erzählt sich, daß einst junge Rebellen in die zerklüfteten Regionen des Bergs Ararat geflohen waren.
Beginnt der alte Mann zu erzählen.

Er sitzt in einem Teehaus. Er zieht an seiner Zigarette. Schaut in die Gesichter der Zuhörer. Fügt dann mit seinem Zahnlückenlächeln hinzu, daß die Geschehnisse sich vor siebentausendsiebenundsiebzig Monden ereignet hatten. Aber, und seine Augen strahlen hell, vielleicht in jüngeren Seelenzeiten.
Er zeigt auf den schneebedeckten Berggipfel. Peilt mit seinem dünnen Daumen.

Dort, etwa dort auf dreiviertel Höhe, zwischen den gelbsandigen Feldwegen am Rande von Doğubeyazıt und den wolkenbenetzten Höhenregionen des Feuerbergs.

Der Alte schaut lange in die von ihm gewiesene Richtung und fährt fort.

Dort erklomm, wie somnambule blaue Schatten, eine kleine Rebellengruppe die Höhenpfade. In der flimmernden Weite unter ihnen quoll gelbe Schwüle aus der Ebene die rötlich braunen Hänge hinauf. Durchzuckt von blitzenden Klingen. Die schmale Seitenschlucht eines gewundenen Tals bot den müden Fliehenden den erhofften Schutz vor den Verfolgern.
Der Anführer Adem ließ die schwer atmenden Getreuen hinter einem Felsvorsprung sich ausruhen. Er stieg die Schluchtwand hinab, kletterte die gegenüberliegende Steile hinauf. Von hier aus konnte man besser in die Tiefe schauen, die folgenden Entwicklungen überblicken.
Adem wischte sich den Schweiß aus seinen hell leuchten-

den Augen und winkte erleichtert seinen Getreuen zu. Sie waren einander auf gleicher Höhe, so nah, daß sie sich hätten zurufen können. Doch war Schweigen ratsam. Kein schelmisches Echo sollte von Felswand zu Felswand springend Kunde in die tieferen Regionen tragen.

Havva aus der Gruppe band ihr Kopftuch los, ihr dichtes tiefschwarzes Haar fiel auf ihre Schultern. Sie ließ das Tuch im Schluchtwind flattern und flüsterte:

Sei vorsichtig, Liebster. Paß gut auf dich auf.

Ein Greifvogel, ein riesiger Feuervogel, erhob sich hinter dem flatternden Rot, überquerte mit drei Flügelschwingen die Schlucht, flog über Adems Kopf hinweg und begann in die Täler hinab zu kreisen.

Kein gutes Omen.

Murmelte einer aus der Gruppe. Und Havvas breites Lächeln wurde angespannt.
Das gelbe Gift quoll, mit scharfen Klingen gespickt, die Hänge hinauf. Und als hätte dieses Ungebührliche aus den Niederungen den feurigen Berg erzürnt, begann der Gipfelkrater weit oben zu brüllen, Asche und Glut zu speien. Eine wütende Flut aus glühendem Geröll und zischend schmutzigem Schnee fraß sich unerbittlich in die Tiefe, dem Aufmarsch der Schergen entgegen.
Die schutzsuchenden Rebellen taxierten die Lage. Die Eisfeuerlawine würde sich abseits von ihnen zum Tale wälzen, sie verschonen.
Da brach plötzlich mit gewaltigem Knall ein neuer Krater auf, im Oberlauf der rettenden Schlucht. Auch diese Wunde des heiligen Bergs erbrach Glühendes, und der Glutstrom riß rasend Fels und Geröll mit sich.
Die Gruppe um Havva begriff, daß sie ihren verborgenen Ort schnell verlassen mußte, daß sie weiter seitlich klettern sollte, um nicht verschlungen zu werden.
Und sie sahen, daß Adem auf verlorenem Posten stand. Er

hatte keine Ausweichmöglichkeit, sobald der heftige Bergauswurf die Schlucht bis zum Rand gefüllt haben würde.
Der verwundete Berg, der sich gegen pestgelbe Peiniger aus niederen Lebensregionen zu wehren begonnen hatte, er würde jetzt ersichtlich mit seinem erzürnten Auswurf auch Adem in die Tiefe reißen.

Warum?

Stand in den entsetzten Blicken der Gefährten.
Niemals hatte Adem gegen den verehrten Berg rebelliert, stets nur Niedertracht in den Niederungen verflucht.

Warum?

Mit dunklen Glutaugen starrte Havva ihre jungen Weggenossen an.
Einer aus der Gruppe gab Zeichen, aufzubrechen. Es galt, das eigene Leben zu retten. In entsetzter Trauer schauten sie zu Adem hinüber, schrieen Wehklagen ihrer Herzen und ihrer heiliger Schriften zum Verlorenen. Der konnte die Abschiedsworte nicht mehr hören. Das Getöse des Bergs erfüllte die Luft.
Adem sah das Unausweichliche unter seinen Füßen langsam und unerbittlich schlängelnd hinauf steigen. Er winkte seinen Gefährten zu.

Haut ab, haut endlich ab. Rettet euch.

Er sah Havva.
Dachte an die letzte kußsüße Nacht, an ihre errötenden Wangen, wie Granatäpfel. Im Schein ihres artigen Lagerfeuers, zwischen hohen Felsen, hatten sie sich mit Tee und Zigaretten wach gehalten. Haben Sterne gezählt und Welten erdacht. Und gesummt und sich in die Geborgenheit der Nachtschattenwelt zurückgezogen.
Adem fühlte das sanfte Beben ihres Körpers, als schmiegte sich Havva jetzt noch einfühlsam in seine Arme.

Geh doch, geh bitte. Hau endlich ab.

Winkte Adem und wünschte sich, ein riesiger Greifvogel käme, krallte sich tief in seine Schultern hinein, beinahe bis in sein Herz, und trüge ihn hinüber zu ihr.

Havva stand unbewegt, hörte das Getöse, sah die Feuersbrunst, sah in alledem das ferne Licht in den Augen ihres Geliebten.
Mein Verlangen hat dein Herz rebellieren lassen. Meine Sehnsucht hat dich in den Aufstand getrieben. Mein Mund hat dir vom ungewissen Schicksal hundert Nächte lang erzählt. Mein Glücksflehen hat deine hellen Augen für das Unglück in den Niederungen weiter aufgetan. Meine Seele hat tausendfach zu dir gebetet, mich aus der Umklammerung eines anderen Lebens zu befreien. Meine Liebe kann nicht dein einsames Glutgrab werden.

Die Weggefährten schrieen. Havva, komm endlich, du rettest den Freund nicht mehr. Der Feuerberg duldet dein Zögern nicht.

Adem flehte, schrie.

Geh bitte, hau ab. O, Havva, rette dich. Ich fühle, was du fühlst. Unser Berg aber kennt keinen Fehl und kein Erbarmen. Du trägst keine Schuld, sie lebt im gelben Gift von Niederungen. Wende deinen Blick, hebe ihn und geh. Du irrst. Denn nicht dein, sondern unser Verlangen hat das Blut rebellieren lassen. Unsere Sehnsucht hat uns gejagt, getrieben, zu Gejagten gemacht. Unsere Münder haben dem Schicksal nicht widersprechen wollen. Doch nicht deine allein, unsere Seelen haben gefleht um Erleuchtung. Um uns. Haben gebettelt um lichtes Rauschen in allen Körperbahnen. Wir mögen irren. Irrend durch den Nebel des Lebens gehen. Die tausend unschuldigen Gesichter der Liebe aber blühen.

Feuerschreiende Luft ließ kein Wort zu Havva dringen.

Doch sie verstand jedes. Gefrorenes und Glühendes, Gestein und Geister tobten, füllten die Schlucht mit Geschrei, die Welt schien zu bersten.
Doch während sie beinahe barst, rührte sich Havva nicht von der Stelle. Ihre Wangen glühten. Ihre Tulpenlippen jetzt wie Krummdolches Klinge. Ihre Augen wie die Tiefe des Schwarzen Meeres.
Havva schritt los. Schritt auf den Glühstrom zu. Setzte ihren Fuß auf die Glut, dann den zweiten, schritt weiter, auf Adem zu. Und jedes Mal, wenn ihre Füße den glutvollen Mahlstrom berührten, wuchs dort pappelzitternd ein Pfeiler. Mit jedem ihrer Schritte spannte sich ein neuer Bogen, wie melodienleichte Flügelschwingen eines Feuervogels.
Über die Brücke aus lichtzitterndem Silberlaub und knallbuntem Gefieder führte sie Adem, vor den Augen der fassungslosen Gefährten, zu erhabenen Höhen.

So erzählt man es sich.
Schließt der stoppelbärtige Erzähler mit den hell leuchtenden Augen seine Geschichte. In einem Teehaus in Doğubeyazıt, unterhalb des Bergs Ararat. Und als er das unsichere Lächeln in den Gesichtern seiner Zuhörer sieht, fügt er etwas hinzu.
Es ist äußerst beschwerlich. Doch man kann die schmale Schlucht weit oben im heiligen Berg finden. Man entdeckt dort, sagt der Alte, mit dem dünnen Daumen peilend, die felsgewordenen Reste einiger Pfeiler und Bögen dieser Seelenbrücke. Ruh köprü.

Dann streckt er augenlächelnd seine mageren, dunkel behaarten Arme vor, krümmt die Handteller, in die einige Münzen fallen, für die nächste Packung Zigaretten und für heißen Tee.

ANTONIO TIMPANO
Begegnung am Bodensee

Mia war jung und glücklich, sie lebte immer noch in der Welt der Märchen. Ob sie Pläne hatte? Nein, warum auch? Doch unvermittelt sagte ihr Vater zu ihr: „Sieh zu, dass du anfängst zu arbeiten!" Ein Satz, den Mia lieber nicht gehört hätte.

„Hast du verstanden, Mia? Ich habe schon mit unserem Hausarzt gesprochen; da kannst du anwenden, was du in der Schule gelernt hast: du willst doch Krankenschwester werden, nicht wahr?"

Mia verstand, dass der Vater es ernst meinte, und seufzte: „Ja, Papa", jedoch ohne Begeisterung.

„Sei nicht traurig", munterte sie ihr Vater auf, „du bist größer geworden, irgendetwas musst du tun! Außerdem wirst du dort eine neue Umgebung und neue Menschen kennen lernen, wirst notwendige Erfahrungen machen, die fürs Leben nützlich sind. Aber du wirst auf nichts verzichten müssen; du kannst ja deinen Dauerlauf am Strand vom Morgen auf den Abend legen", fügte er scherzhaft hinzu, da er wusste, dass Mia jeden Morgen zum Strand ging, um sich die Füße zu vertreten.

So kam es, dass Mia die Schönheit eines Sonnenuntergangs entdeckte. Die Farbschattierungen, die, je nach Stand der Sonne, sich veränderten. Früher hatte sie zu dieser Stunde Musik gehört. Jetzt aber konnte sie es kaum erwarten, an den See zu eilen; teils hastig, dann wieder langsam laufend, behielt sie stets den Abstand der Sonne zum Horizont im Auge, um dieses Schauspiel ja nicht zu verpassen. Zwischen dem Blick zur Sonne und dem Gefühl, das sie zuerst beschlich und dann immer mehr einnahm, schien die Zeit ihr wunschgemäß still zu stehen. Ihre Dauerläufe gestalteten sich zu einem wahren Loblied an die Lebensfreude. Es waren jene Minuten, in denen sie ihrer Phantasie freien Lauf ließ, sie versetzte Meere und Berge und grenzenlose Weiten. Zukunft wie Vergangenheit verloren ihr erdrückendes Gesicht, und sie fühlte, wie sich ihr Geist über alles Gegenständliche und Menschliche erhob.

Sie war glücklich und nahm alles, was um sie herum geschah, aufmerksam wahr und genoss es ausdrücklich.

Selbst am sanften Rauschen der Wellen, das ihren Geist gleichsam mit einem kostbaren Zaubertrunk nährte, erfreute sie sich über die Maßen: die Welt gehörte ihr, und sie wollte sie genießen.

Während einem dieser Ausflüge an den See lenkte Mia, so unbekümmert sie sonst war, in einem Augenblick, in dem ihr Interesse mehr ihr selbst als ihrer Umgebung galt, etwas ab; sie drehte sich um, um nachzusehen, was da war: es war eine unbewusste Wahrnehmung, die sie anlockte.

Sie verlangsamte ihre Schritte, dann hielt sie an und senkte nachdenklich den Blick. Während sie in sich ging, bemerkte sie, dass ihre Gedanken daran hängen blieben, was sie gesehen hatte. Doch nur wenige Minuten; dann hob sie den Blick erneut, lenkte ihre Aufmerksamkeit auf die Schönheit des Ortes und begann wieder zu laufen.

Diese Szene wiederholte sich seit Tagen, aber Mia hatte ihr, in positive Gedanken versunken, keine Beachtung geschenkt. Nun aber, nachdem sie etwas bemerkt hatte, war es, als würde ein Steinchen in den stillen Teich ihrer Gedanken geworfen.

Mia versprach sich, dem nachzugehen; sie gelobte sich, an den folgenden Abenden dort anzuhalten, wo sie dieses seltsame Gefühl überkam, und sich umzuschauen und aufzuspüren, was ihr Herz so unruhig machte.

Am folgenden Tag, den sie in der Praxis verbrachte, wurden ihr die Stunden quälend lang: sie konnte nicht den Zeitpunkt erwarten, an dem sie nach Hause eilen, sich den Trainingsanzug überziehen und an den See gehen konnte.

Pünktlich an der besagten Stelle angekommen, war es ihr, als würden ihr die Beine unter dem Leib weggezogen; sie konnte sich nicht mehr bewegen. Sie drehte sich um und sah einen jungen Mann, der, die Hände in den Taschen, unbeweglich auf den See schaute: er schien nichts anderes zu sehen.

„Ist er der Grund meiner Irritation?", fragte sich Mia. „Bin

ich vielleicht dumm!" Sie tat das Ganze als unwichtige Sache ab, über die man nur lachen konnte. Aber trotz all dieser Fragen, bewegten sich ihre Füße nicht fort.
Wie von einer hemmungslosen Macht getrieben, näherte sie sich dem Unbekannten.
„Entschuldige, ich wollte fragen ...", sagte Mia. Aber der Junge drehte sich nicht um.
„Sag schon!", forderte er sie nur auf. In Mias Ohren klang seine Stimme, als käme sie aus tiefsten Abgründen.
„Willst du dich nicht mal umdrehen und mir in die Augen sehen? Ich bitte dich darum!", sagte Mia, als handle es sich um etwas Dringliches.
„Es würde mich schon reizen, mich umzudrehen und in den Genuss deiner Schönheit zu kommen. Aber ..."
„Wie kannst du von meiner Schönheit wissen, wenn du mich noch nicht einmal angesehen hast?", unterbrach ihn Mia.
„Ich weiß es, weil die Schönheit eine Ausstrahlungskraft hat, die aus jedem Wort und jeder Geste dessen strahlt, der sie besitzt. Ich habe deine Worte gehört und dein Interesse an mir Unbekanntem bemerkt, das genügt mir. Außerdem weiß ich, dass du dich nicht damit zufrieden geben würdest, mir in die Augen zu schauen; du würdest Fragen stellen und meine Geschichte erfahren, die dein Gesicht und dein Gemüt nur verfinstern würden. Du würdest verlegen werden, wenn ich dich mit begehrlichem Blick anschaute, begierig nach deiner Schönheit, wie meine Augen es sind, weil deine Schönheit dich verlegen macht."
„Und wonach hältst du dann Ausschau?"
„Ich spiegle mich im See. In seinem Wasser sehe ich ein ruheloses Herz; es ist mein Herz, das an unstillbarem Verlangen leidet. Mit dem See ist es dasselbe; er verweigert den Regen nicht, und sollte es noch so viel regnen."
Als Mia diese Worte vernahm, überkam sie ein Schauer. Sie blickte ins Wasser, doch sie sah nichts. Sie ließ ihre Füße durch den Sand schleifen, trat zwei Schritte zurück und entfernte sich beinahe verärgert über das Benehmen des jungen Mannes.
Sie versuchte, ihren Lauf fortzusetzen, bemerkte jedoch,

dass ihre Beine schwer wurden, und ihre Gedanken waren voll neugieriger Fragen. Sie kam nach Hause, aber sie fand keine Ruhe. Sie stellte sich unter die Dusche; es fiel ihr schwer, die richtige Wassertemperatur einzustellen; sie war nicht in der Lage, sich zu konzentrieren, in Gedanken war sie damit beschäftigt, was sie am See erlebt hatte.

Es war kein gewöhnlicher Abend gewesen; etwas in ihr hatte sich definitiv verändert, das fühlte sie deutlich. Diese Stimmung setzte sich am folgenden Tag auch in der Praxis fort; die ganze Zeit über schwebte sie mit ihren Gedanken in den Wolken: mehr als einmal wurde sie gefragt, ob es ihr gut gehe.

Sie kam unsagbar müde nach Hause; sie konnte nicht mehr. Sie sah ihren Trainingsanzug, den ihr die Mutter hergerichtet hatte. Sie nahm ihn unschlüssig in die Hände, während ihre Gedanken sie zu den Erinnerungen des Vortags trugen. Sie erinnerte sich an den Spiegel, von dem der junge Mann gesprochen hatte. Sie eilte ins Badezimmer und stellte sich vor den Spiegel, als hätte sie ihn eben erst entdeckt, um jeden Winkel ihres Gesichts und Körpers zu untersuchen. Sie entdeckte die Sommersprossen und zahlreichen kleinen Pickel, die ihr Gesicht bedeckten, und als sie an die Schönheit dachte, von der der junge Mann gesprochen hatte, musste Mia lächeln.

Gott sei Dank hat er mich nicht angesehen, dachte sie, und es beschlich sie ein unbestimmtes Gefühl. Als sie sich umdrehte, um sich von der linken und rechten Seite zu betrachten, liefen ihr die Bilder des Sees und die Worte des jungen Mannes durch den Kopf: der Klang dieser Stimme, jenes Geheimnis, das er in ihrer Gegenwart nicht preisgeben wollte, hatten sich tief in ihrem Herzen eingeprägt. Sie hob die Arme und wechselte das Hemd; sie zog ein engeres Hemd an und dachte, so kommt alles besser zur Geltung. So viel Zeit hatte sie noch nie vor dem Spiegel verbracht. Dann stellte sie sich ihrer Mutter vor:

„Diese Sommersprossen, Mama ...!", sagte Mia ein wenig betrübt.

„Keine Sorge, sie stehen dir gut!", versicherte ihr die Mutter. Ein paar Tage hielt sich Mia vom See fern: Zeit, sich davon zu überzeugen, dass ihr die Sommersprossen wirklich gut standen.

Eines Abends dann entschied Mia – erlöst vom Alptraum wegen der Sommersprossen, die sie erst seit der Begegnung mit dem jungen Mann störten, nie zuvor – ans Seeufer zurück zu kehren.

Sie zog ihren Trainingsanzug an, aber sie gefiel sich nicht; so entschied sie sich für Jeans und Hemd. Beim Anziehen achtete sie darauf, dass die Formen ihres Körpers richtig zur Geltung kamen, und betrachtete sich im Spiegel. „Alles sitzt eng am Körper – ja, so muss es sein!", wiederholte sie beinahe beschwörend. Sie band ihre Haare im Nacken zusammen und machte sich auf den Weg in Richtung See. Sie war etwas später dran als sonst; die letzten Sonnenstrahlen spiegelten sich bereits im Wasser, und am Sandstrand wurden die Schatten länger. Ob er schon weg war, fuhr es ihr durch den Kopf, während in ihren Gedanken Zweifel und Furcht und Fragen auftauchten. Wird er sich für mich oder den See entscheiden? Soll ich ihm sagen, dass ich die bin, die er keines Blickes gewürdigt hat? Nein, das würde wie ein Vorwurf klingen.

Während sie über all dies nachdachte, sah sie ihn auf einmal in einiger Entfernung stehen. Der Junge blickte nicht wie das letzte Mal auf den See, stand nicht unbeweglich wie ein Tagträumer da; er drehte sich einmal zur Seite, dann wieder zur anderen, als würde er jemanden erwarten. Mia hielt an. Er sah sie und lief ihr entgegen. Ein hübscher Junge, dachte Mia, und er kommt auch noch auf mich zu. Oh Gott! Einen kurzen Augenblick dachte sie daran, davon zu laufen, aber sie zwang sich zu einem Nein: Er kommt zu mir, und das ist es doch, was ich wollte!

„Du hast auf dich warten lassen!", sagte er, als er sie erreicht hatte.

Mia senkte rasch den Kopf, um die Sommersprossen zu verbergen. Ja, er gefällt mir!, dachte sie glücklich, aber unfähig, ihr Gesicht zu zeigen.

„Willst du nicht mehr, dass man dir in die Augen schaut?", fragte der Junge und fügte hinzu:

„Ich heiße Tuo."

Mia zeigte ängstlich ihr Gesicht; sie wollte ihn nicht enttäuschen.

„Ich bin Mia. Schau mich an, so viel du willst, und erfreue dich an dem Wenigen, was ich habe."

„Mich hat deine Schönheit schon erfreut seit dem Tag, an dem ich mich, stur wie ich bin, nicht nach dir umgedreht habe!", sagte Tuo, nahm ihre Hand und gab ihr zu verstehen, ihm in Richtung See zu folgen.

„Nein! Nicht an den See!", sagte Mia fast schüchtern, nahm ihn, ja packte ihn fest an der Hand und zog ihn in die entgegengesetzte Richtung.

„Nicht an den See?", fragte Tuo und kratzte sich verlegen an der Stirn, als habe man ihn auf frischer Tat ertappt.

„Ich will heute nicht dem See begegnen. Der See ist deine Vergangenheit ...", sagte Mia und sah ihm in die Augen.

Als Tuo diese so überzeugend vorgetragenen Worte hörte, wurde ihm klar, dass Mia keines der wenigen Worte entgangen war, die sie am Tag ihrer ersten Begegnung ausgetauscht hatten. Sie weiß alles über mich, dachte Tuo. Mia hat das Geheimnis über meine Vergangenheit herausgefunden; es hat keinen Sinn mehr, es zu ignorieren. Er sah sie durchdringend an; es gab da eine vollkommene Übereinstimmung zwischen ihnen.

Sie sahen sich wieder in die Augen und bewegten sich leichtfüßig aus den Tücken der Vergangenheit Tuos fort auf Mias Zukunft zu.

MARIAN ULRICH
Seetagebuch
Sequenzen 1999–2011

ALS ich an den See zog, lag er randvoll vor der Hafenmauer. Über Nacht schlich er sich in meinen Garten, breitete sich aus bis zur Treppe am Haus und blieb dort drei Wochen, ohne sich über die Schwelle zu trauen. Ein Willkommensgruss für mich, an Pfingsten 1999?

VOM Morgen bis am Abend und in der Nacht: Zu jeder Tageszeit trägt der See ein anderes Kleid, wie eine kapriziöse Frau, die sich zu jedem Anlass umzieht.

MEIN erster Blick nach dem Erwachen gilt dir, mein See. Du machst dich vor meinem Fenster breit, wie ein launisches Tier und zeigst mir jeden Morgen eine neue Facette deines Seins.

SO lockt er mich bei Sonnenaufgang mit dem Boot hinaus. Die Ruder tauchen ein in rote Fluten und Tropfen, wie Blut, fallen zurück in den See. Das Morgenrot kündet späteren Regen an.

IN lichtes Grau sind See und Horizont gehüllt und hinter diesem leichten Schleier ahnt man, dass bald ein Wind den Nebel wegschiebt und die Sonne alles wieder in Farben aufscheinen lässt.

WAS ist, wenn der See so still liegt in der Nacht? Schläft der Wind? Nur hie und da ein Geräusch, das sich anhört wie ein sattes Schmatzen!

EIN märchenhaftes Bild am Abend: Aprikosenfarben die Wasseroberfläche wie der Himmel. Auf dem See ein silbern glitzernder Reflex der dünnen Mondsichel. Zum Greifen nah daneben, die wie ein Diamant funkelnde Venus, als Abendstern.

GRAU in Grau, Himmel und See, der eine des anderen Spiegel.

EIN frischer Wind weht heute Morgen. Es ist noch früh, der See ganz leer. Doch ist heute Sonntag, Segelregatta und bald schon wird er voll mit Booten sein. Jetzt legt nicht mal der Fischer seine Netze aus.

IN rosa Abendrot getaucht, am Rande violett und silbern, dazu noch eine Prise hellblau. Wie ein pastellfarbener Blumenstrauss, mein See nach Sonnenuntergang.

NEIN, heute muss ich nicht mal hinsehen! Das Klirren der Masten und Wanten auf den Booten im Hafen, das Klatschen der Wellen an der Seemauer, das Rauschen des Windes in den Pappeln zeigt mir an, dass der See wütet, mit schäumenden Wellen.

MANCHMAL fühlt er sich an wie Öl auf meiner Haut. Wenn seine Temperatur schon bald zu warm zum Schwimmen ist, umhüllt das Wasser mich mit sanftem Streicheln. Wie von vielen Nixenhänden getragen, kann ich regungslos an seiner Oberfläche liegen und mir vorstellen, selbst Wasser zu sein.

DAS ganze Feuerwerk des Sommerfestes hat sich in dir gespiegelt. Du hast dich lang und breit gelegt, mit deinem dunklen Wasserkleid, wie Seide in der Nacht.

DIE Hitze flimmert über der trägen Sommerwanne, in der die Fische springen, Kinder plantschen, Segelboote treiben. Vom Horizont her, schleichen drohende Gewitterwolken, wie graue Daunenberge.

HEUTE, mein Grüner, mein Wilder, mein Schöner, gefällst du mir so, dass ich mich in deine tobenden Fluten stürzen möchte, um mit dir zu kämpfen und meine Kräfte an dir zu messen.

DER See fliesst rückwärts, den Rheinlauf hinauf nach Nordosten! Es ist der Westwind, der mit Macht die Wasseroberfläche peitscht und seine Wellen, wie galoppierende Pferde, die in Panik geraten sind, in falsche Richtung treibt.

ES geht doch! Sommerferiensee mit kleinen unschuldsblauen Wellen, die zum Schwimmen locken, wie damals, als ein grosser Dichter schrieb:„Es lächelt der See, er ladet zum Bade…"

EINE ganze Palette voller Farben schüttet er heute aus: Klares Türkis in Ufernähe, dunkles Blau in seinen Tiefen, dazu die weissen Gischtkronen der Wellenkämme, wie die Spitzen von zarter Wäsche an den Schenkeln einer dunkelhäutigen Schönheit.

REGENTROPFEN fallen wie Kieselsteine auf die bleigraue Oberfläche. Der See liegt reglos, wie ein schlafendes Urwesen. Kein Windhauch beunruhigt seine glatte Haut, nur die Tropfen ziehen magische Kreise.

KEIN einziger Möwenschrei! Der dichte Nebel lässt das gegenüber liegende Ufer nicht einmal erahnen. Ist das ein Fjord, oder gar das Meer? Die feuchten Schwaden treiben mich ins warme Haus.

BLAUÄUGIG ist der See heute und der Wind treibt weisse Wölkchen, wie eine Herde Lämmer über den Himmel.

HERBSTSEE. Von Wind und Regen zerwühlt, abweisend und nass wie nie, kalt und endgültig: der Sommer vorbei!

EINE bleigraue Weite, wie eine Scheibe aus Zinn. Der Hügel gegenüber nur eine Nuance dunkler, darüber das gleiche undurchsichtige Grau wie auf dem See. Keine Bewegung, nur Dauerregen.

IN der Nacht, auf den silbernen Streifen des Mondes, der sich im Wasser spiegelt, hin zu schwimmen, ist endlos, da man ihn nie erreicht.

OB die frostige Haut aus Eis bald aufbricht, wenn sie singt beim drüber gleiten? Ob sie auftaut, wenn sie in der Nacht wie mit Gewehrschüssen knallt? Der Sturm wird alles aufmischen, die Schollen übereinander schieben, dass sie klirren, wie berstendes Glas.

EIN sattes Fliessen der gekräuselten Oberfläche des Sees, den Fluss hinab zum Wasserfall, weiter zum Strom, mit seinen Frachtkähnen und Passagierschiffen bis hin zum Meer, dem Sammelbecken von allem Wasser.

DER Bug der Fähre schiebt sich unaufhaltbar über die geringelte Oberfläche des Sees, die grau und rau, wie die Haut eines Wals scheint. In jenem Moment, denke ich, könnte das Tier auftauchen und sich aufbäumen, das Fährschiff, die Autos und die Menschen kentern, wie Spielzeug aus Plastik.

AM Obersee wird das Wasser so weit, so fremd, dass ich es nicht in Worte fassen kann. Bei jeder Annäherung entzieht sich mir der See, fliesst abwärts, um mich weiter unten, an den sanften Ufern des Untersees zu erwarten. Wenn ich dann nach Hause komme, bin ich so müde, als wäre ich den ganzen Weg geschwommen.

AUCH eine apokalyptische Seelandschaft kann ich mir lebhaft vorstellen: Der See, zu einem dünnen Rinnsal vertrocknet, ein fauliges Schlammbecken, darüber Dörfer und Städte, die hoch über dem Abgrund stehen, und Menschen, vor Schreck erstarrt wie Lots Weib, weil sie sehen, wie die alten Vulkane im Hegau ausbrechen und mit ihrer glühenden Lava unaufhaltsam die verschiedenen Seebecken auffüllen.

DAS Gegenteil ist auch möglich: Der See überflutet die Ufer, die Landschaft, die Parks, die Siedlungen. Die Brücken verschwinden, das Wasser steigt immer weiter. Die Menschen retten sich auf Höhenzüge rund um den See, wünschen, sie hätten eine Arche gebaut. Wasser, immer mehr Wasser! Auf der Höhe des Seerückens, dessen oberste Kuppe wie eine Insel aus den Fluten ragt, erkennt man, dass das Wasser das Thurtal aufgefüllt hat und sich bis zu den Voralpen ausbreitet. Zum Hörnli schwimmen und erkennen, dass auch dort der Boden unter den Füssen überflutet wird. Zum Säntis, der noch für kurze Zeit herausragen wird, ist es zu weit ohne Boot, ohne Schwimmflossen, ohne Hab und Gut und auch eine Bordkarte für die Titanic nützt nichts mehr...

DAS Rheingold! Ich hab es gesehen: Die schräg auf die Wasseroberfläche treffenden Sonnenstrahlen zeichneten auf den Kieselsteinen am Grund kleine lockige Wellen in goldenen Lichtreflexen nach. Als tanzten goldblonde Haarsträhnen im fliessenden Wasser. Ein paar Minuten später versank die Sonne hinterm Horizont und das Trugbild war weg.

SCHWARZ wie die Nacht liegt er da vor meinem Fenster. Nur die Lichter der Strandpromenade am Ufer gegenüber, das grüne und das rote Leuchtzeichen der Hafeneinfahrt, begleiten mich in den Schlaf.

WENN die Abendsonne eine lange rote Strasse über den See zeichnet, möchte ich auf ihr in den Sonnenuntergang gehen und mit ihr weiterziehen, rund um die Welt.

RAINER WOCHELE
Festgefahren

Auszug aus dem in Arbeit befindlichen Roman „Karriere, Karriere", der im Frühjahr 2012 im Klöpfer & Meyer Verlag, Tübingen, erscheinen wird.

Eine junge Managerin und Modedesignerin ist nach Steuerhinterziehung auf der Flucht vor Staatsanwaltschaft und Polizei. Im Bayerischen Wald bleibt sie nahe der tschechischen Grenze in einer abgelegenen Straßenbaustelle mit ihrem schweren Sportwagen stecken. Dort begegnet sie einem Mann, der hier seit Tagen campiert, sich als Computermann, dann wieder als Vertreter der Firma Hochtief ausgibt. Ist es ein aus allen sozialen Bezügen Gefallener, ein Obdachloser vielleicht sogar? Er jedenfalls soll ihr helfen, ihren Wagen wieder flott zu bekommen. Ein Kampf beginnt. Eine Liebe beginnt. – Wir sind mitten in der Geschichte.

Ja, ja, aber ja, wir machen das Spiel, mag kommen, was will, wir machen das Spiel. Eine Künstlerin. Ein Porsche mit Modekünstlerin darin. Kunst ma amal fuffzig Euro ..., hollareidulliöööh-hööö. Oh Schutzfrau des Böhmerwalds, ich knie in Demut vor dir, ich danke dir dafür, dass du mir die geschickt hast, und das Ding in den Mund stecken und abdrücken kann ich immer noch, holl-holla-reiduulliöööh. Er stürmte die Lichtung hinauf.

Das Totmachen der Schnecke vorhin, als sie abhauen wollte und ich sie niedergeworfen, mich auf sie geworfen habe und dann plötzlich neben ihr diese Schnecke im Gras zu sehen gewesen war, und ich mit der Faust auf die Schnecke geschlagen habe, das war natürlich Blödsinn gewesen. Schöner Blödsinn. Sie bespritzt habender Blödsinn, wenn ich sie nicht noch ganz anders bespritzen werde. Schöner Handlungsquatsch war das. Aktionsunfug. Aber hast du nicht gesagt, handel ihr was hin, damit ihr mal was zustößt. Weil der noch nie wirklich was zugestoßen ist, der Frau Doktor Geschäftsführerin mit eigenem Modeunternehmen und steigenden Umsätzen, wie sie vorhin gesagt hat, nichts zugestoßen, obwohl sie ihren unsichtbaren Rucksack am schönen Rücken hat, den ich so schön gespürt habe unter mir, die, mit ihren im Schwarz wohnenden weichfesten reifen Dulliööö-hööös. An denen man knabbern könnte, hollarei-rei-rei ... Wollte sich aus dem

Staub machen, wollte ihren unten im Sand der Straßenbaustelle festsitzenden Porsche einfach zurücklassen, aber da lachen ja die Hühner und die Krähen und der Kuckuck, und der Fuchs lacht auch.

Er stürmte die Lichtung hinauf, hatte sein blaues Bündel in dem sich die Pistole befand, hinten im Rücken unter dem Gürtel seiner Jeans stecken, zerrte einen silbergrauen Aluminiumkoffer hinter sich her, hatte diese Trillerpfeife in der Hand, seine Ärmellasche winkte fröhlich, die Hemdtaschen machten dicke Bäuche, links Feuerzeug, rechts Tabak, und er spürte seine alte Handlungslust, seine wieder aus ihm hervorgebrochene Tätigkeitsgeilheit in sich herumtoben, als habe er soeben eine halbe Flasche Klaren, Glasklaren, Kirsch oder Williams Christ, auf einen Zug in sich hineingesoffen. So seine Aktionsgier momentan in seinen Adern. Und im Schritt wurde es ihm auch wieder warm.

Der Aluminiumkoffer, ein Trolley, rollte auf dem Gras der Lichtung nicht. Trotzdem zog er ihn so energisch und mühelos hinter sich her, als wäre das Gelände platt betoniert.

Reiß sie in was rein, die schöne Elitefrau aus dem Großbürgertum, wo, wie sie gesagt hat, angeblich die Führungskräfte geboren werden. Diese ganz Tolle. Die meint, sie sei eine ganz tolle Unternehmerin aus der Modebranche und bräuchte sich nicht zu fürchten vor dir. Ich fürchte mich ja selbst vor mir hollarei ..., diese Klamottenkünstlerin auf Reisen, kunst ma amal fünfhundert Euro ..., die ..., die gibt was her, handlungsmäßig gibt diese Trillerpfeife aus dem Handschuhfach von ihrem in der Baustelle versandeten Porsche was her, und mit ihrem Koffer, Porsche-Design von unter der Motorhaube, werden wir auch was veranstalten, du Führungsdesignerin, vielleicht sogar Teufelin in Prada, kannst dich auf meine Teufeleien verlassen. Ein Politmensch, sagt man doch, der entschieden handelt, ist handlungsstark, also charakterstark, also politikstark, wobei es eben zweit- oder drittrangig ist, wie er handelt, wenn er handelt, Hauptsache, er handelt, unsere Schneckenaktion, meine Damen und Herrn, liebe Parteifreunde, mag sich in ihrer politischen Tiefenwirkung dem einen oder an-

deren noch nicht sofort und nicht völlig erschließen, aber manchmal muss man auch das Ungewöhnliche, das Unschöne tun, um ans Ziel zu gelangen, und, liebe Mitarbeiterinnen und Mitarbeiter, ich bin mir sehr bewusst, die Maßnahmen, die wir zur Effizienzsteigerung unserer Abteilung ergreifen müssen, nach der Maxime, grow or go, werden für manchen eine harte, unschöne Zumutung ... Da war es wieder, das Gefühl, das er so oft beglückend gespürt hatte, wenn er als Leiter der Computer- und Dispositionsabteilung mit seinen Leuten sprach, sie motiviert hat, ihnen die Neuordnung der Arbeitsabläufe erklärt hat, und das abgestorben, versiegt, versandet war nach jenem Moment im Büro des Geschäftsführers, des neuen Geschäftsführers damals, sodass dann auch alles wegbrach, die Absagebriefe sich häuften, wegbrach, Ehe, Wohnung, du bist plötzlich, auch wenn du noch Aa-El-Ge-eins bekommst, ein Mensch zweiter, dritter, vierter Klasse, und der arrogante Kanzler Schröder hat zu seiner Amtszeit, Leute, denen es so erging, als Faulenzer bezeichnet, die nicht wollten, Scheinsozi, der, und Schauspieler, der einen sozialdemokratischen Kanzler mies gemimt hat, sich heute kleinbürgerlich-raffgierig die Taschen voll stopft mit russischem Geld von Gazprom, dieser Sozialdemokratie-Ruinierer und Gesellschaftsspalter. Aber die, die, die hier ist erste Klasse, dieses Porscheweib mit schwarzer Unterwäsche und Millionenumsätzen durch Fummel und Fähnchen, mit der werden wir jetzt was Erstklassiges veranstalten. Hält einen für ein bisschen doof, will sich verpissen, mit ihrer schwarzen Mulde zwischen den Beinen, wie man vorhin, als sie sich drüben beim Picknickplatz auf der Bank ihre Wanderstiefel, die sie gleichfalls in ihrem Wagen hatte, angezogen, dabei die Beine gespreizt hat. Wieder fühlte er voller Wohlbehagen, wie in seiner Jeans der Platz knapp wurde.
Dann ist er um den Baucontainer herum. Sieht sie beim Zelt vor dem Schuhkarton kauern, in dem sich das Meerschweinchen, sein Wegbegleiter, sein Straßenbegleiter, befindet. Eine schwarze Menschenfraukugel war sie da nur gewesen, in ihrem schwarzen Businesskostüm. Jetzt pfeift er. Schrill. Grell. Der Ton peitscht ins Tal hinaus. Sie fährt

herum. Springt auf. Zu ihm her. Tooor, schreit er, Tooor ...!
Lässt den Bügel des Koffers fallen. Pfeift. Im Wald, hört
man, protestieren Eichelhäher, Elster. Gestohlen, schreit
sie ihn an. Aus meinem Wagen gestohlen. Sie will ihm die
Pfeife wegnehmen. Ihre Hand schießt vor. So wie seine
Hand vorgeschossen ist, als er ihr Angst machen wollte.
Es war eine Minute nach acht Uhr.
Der Wind ist von den Pfiffen wach geworden, schiebt ihm
ihren mit Schweißgeruch verquirlten Armani-Duft herüber.
 Er weicht aus. Ruft, Handschuhfach, ausm Handschuhfach von deinem Porsche. Pfeift. Ruft: Foul, foul ...
Sie will ihn am Arm packen. Er macht eine rasche Körperdrehung. Sie bekommt nur die Lasche an seinem hochgekrempelten Ärmel zu fassen. Die Lasche, durch sein ständiges Gezupfe und Gezerre schon halb aus der Naht
gezogen, reißt ab. Eichelhäher und Elster warnen den
Wald. Warnen das Tal. Hört man.
 Andenken, stößt sie hervor. Ein Andenken. Starrt
ihn an. Lässt den Stoffstreifen achtlos fallen. Er tänzelt um
sie herum. Tänzelt um den am Boden liegenden Koffer herum. Fragt lauthals, von wem das ein Andenken sei. Von
Mann, Lover, Liebhaber? Sie, gestrafft, mit seitlich an den
Körper gepressten Armen. Vater, sagt sie halblaut. An meinen Vater. Er blickt auf die schwarze Pfeife. Die hängt an
einer Kordel. Schiedsrichterpfeife, sagt er. Astreine
Schiedsrichterpfeife. Ob ihr Vater Schiedsrichter gewesen
sie. Ist er tot, der Herr Papa? Sie, in der Manier eines
Schiedsrichters, der einen rabiaten Spieler zur Ordnung
ruft, dicht vor ihn hin. Vollkommene Schiedsrichterpose in
diesem Moment, durchgedrückter Rücken, erhobener
Kopf, harter Blick zum Gegenüber.
Es ist jetzt kurz nach acht Uhr.
Sie schlägt ihm ins Gesicht.
Am Horizont ist die Kavalkade der dunklen Wolkenreiter
weiter heraufgekommen. Sieht man. Hat die Sonne überrannt. Sodass es allmählich Grau geworden ist über dem
Tal. Höher am Himmel, im Osten, schleicht sich ein leintuchbleicher Mond ins Dunstige. Zwei Wildtauben sind
herbeigeflogen, haben drüben beim Mühlrad, einträchtig

nebeneinander auf dem Rand der Holzrinne sitzend, gefiedertes Ehepaar, die Schnäbel ins Wasser getunkt. Sind dann ins Geäst einer der Fichten hinauf, von wo aus sie nun ihr einfältiges Gurrkonzert hören lassen.

Es ist jetzt wenige Minuten nach acht Uhr.

Hart, heftig, schlägt sie ihm mit der flachen Hand ins Gesicht, wendet sich ab, als wäre nichts geschehen, tritt zu dem am Boden liegenden Aluminiumkoffer, obszön deplazierte Glanzeleganz, hier im Gras. Sie zieht den Koffer zur Werkzeugkiste, auf der sie ihre Handtasche deponiert hat.

Die beiden Wildtauben hören sich an, als glaubten sie, ihr hölzernes Gegurre sei leichtester Lerchengesang, den man immer wieder hören wolle.

Ihr Vater habe ihr vor Jahren diese Pfeife geschenkt, sagt sie halblaut und platziert den Koffer hochkant neben der Kiste. Sie habe als Schülerin die Schiedsrichterprüfung abgelegt. Sie habe Fußballspiele in der Regionalliga gepfiffen. Ich bin Schiedsrichterin, sagt sie und wischt mit der flachen Hand immer wieder über die Oberseite ihres Koffers.

Und der Herr Papa, fragt er, wendet sich schon um, schlendert betont gelassen zum Mühlrad, sein blaues Bündel hinten in der Hose. Was ist der Herr Papa, fragt er, ohne sich umzudrehen. Arbeiter, Angestellter, Rentner vielleicht?

Man sah, an der Wasserrinne wusch er sich das Gesicht, schlürfte dann aus hohlen Händen, wischte sich an seinen Jeans ab, fasste sich dann, begleitet von einem komischen, kleinen Hüpfer, in den Schritt, bemerkte, dass der Riss über seinem linken Knie größer geworden war, patschte mit der flachen nassen Hand darauf, als könne der Spalt dadurch ungeschehen gemacht werden. Und während er dann wieder zu seinem Zelt herüberkam und sich dabei die Ärmel herunterkrempelte, sagte er, es sei nämlich so, er interessiere sich brennend für alles Väterliche. Bei seinem Zelt angelangt, hob er den Bilderrahmen vom Boden auf, ging damit zu ihr, hielt ihr das Foto hin, deutete darauf und sagte: Hier, meine Tochter. Hier, meine Frau und meine Tochter.

    Sie streifte das Foto nur mit einem Blick, sagte hablaut, ja, Ihre Tochter. Sie beobachtete, wie auf dem Griff ihres Koffers eine fette Bremse entlangkroch, innehielt, mit ihrem Rüssel, wie deutlich erkennbar war, den Griff nach Schweißspuren absuchte; der grünschwarze Schimmer auf dem Körper des Insekts gefiel ihr; solche Farbe müsste sie einmal für Abendkleider verwenden.

Er ging zu seinem Platz vor der im schwächer gewordenen Tageslicht nunmehr dunkelgrün anmutenden Tuchgeschwulst seines Kuppelzelts zurück, das blaue handgroße Paket steckte ihm immer noch am Rücken, stellte das silberne Rechteck wieder gegen den Schotterstein. Es fiel um. Er lehnte es abermals dagegen. Und währenddessen sagte er: Wissen Sie, was meine Tochter am liebsten mag? Und fuhr schon fort: Bettfrühstück mag sie am liebsten.

Ja, Ihre Tochter, murmelte sie tonlos und verscheuchte mit einer fahrigen Handbewegung die große Fliege von dem Koffergriff.

Da sitzen wir dann alle im Bett, begann er mit freudiger Erregung. Musik dazu. Die Frühstückssachen auf einem Tablett vor uns. Die Kleine zwischen uns mit diesem Gesicht, als säßen wir alle im Himmel auf Wolke sieben. Er erhob sich, blies aus der Pfeife einen leisen, wie versöhnlich klingenden Triller, sagte dann, da, fang, warf sie ihr zu.

Hast du Kinder?, fragte er daraufhin.

Nein.

Warum nicht?

Ich habe keine Kinder, antwortete sie und hängte sich die Schiedsrichterpfeife, die sie geschickt aufgefangen hatte, um den Hals, betrachtete sekundenlang die auf ihrer schönen Busenfurche liegende Pfeife, deren Kordel dunkel und schräg als dünnes, schwarzes Victory-Zeichen über ihre wie lächelnden Brüste lief.

HANSPETER WIELAND
Mein Kommunismus

Auch kann man - hoffnungslos geworden - nur noch übertreibend leben, oder aber wenigstens zum Leben nur Übertriebenes sagen, weil allein voller Übertreibungen läßt sich überhaupt etwas kundtun.

Der gleicht jetzt einem Steuermann, der sein Ruder so stark muß einschlagen, daß er meint, daß es stärker wohl bald nicht mehr geht, um bei der riesenhaft vorherrschenden Strömung einigermaßen oder ein bißchen sein Lebensschifflein „auf Kurs" zu halten.
Aber so ganz ohne Hoffnung bleibt er auf seinem Kurs; hoffnungslos, was den Nutzen seines Tuns, seiner Gedanken, ja des Kurshaltens selbst angeht, von keiner rechten Überzeugung getragen, sodaß er sich selbst bald nicht mehr kennt als der mit allen und allem mitfühlende Mensch, der er, meint er, - oder weint er – einmal gewesen wär, und mit Grundsätzen.

Die er glaubte gehabt zu haben, Solidarischer, der er glaubte gewesen zu sein. Einstehend für die Entrechteten – die sich aber immer selbst haben entrechten lassen; ein Mitleidender mit den Betrogenen – die sich aber auch immer betrügen lassen, bis auf den heutigen Tag lassen sie es sich – und ich mich auch?, fragt er, und das ließe sich nun fortsetzen, fortsetzen und fortsetzen, klagt er. Oder, - ach, ich bin so hoffnungslos geworden, daß es ist wie am „Abend des Lebens" angekommen, weil der Morgen der Hoffnung gar nicht mehr vorstellbar, oder nur mal „zwischendrin" ist er im Bereich der Vorstellung; stunden- oder tageweise höchstens trägt eine Übereinstimmung mit dem Leben einen, ein paar Stunden ganz trägt sie einen, oder auch nur einen Augenblick, wenn an diesem schönen Herbsttag an die Sonnenblumen, die man hat stehen lassen, immer das hübsche Vögelchen hinkommt, mit dem schwarz sammeten Häubchen über dem hellen Köpfchen, und es den Kernen schaut, sodaß man für liebe Augenblicke lang alles andere vergißt. Oder für die Dauer von Frage und Antwort ist man abgelenkt, im Gespräch mit der vertrauten Frau und in der Sorge um die erwachsenen Kinder; aber schon will man gleich wieder ganz verzagen, weil es sogleich wieder so sehr ist im Absehbaren, wie wenig lang es will einen tragen; wir haben Frieden und Wohlstand im Land. Und es geht uns gut.

Es ist Frieden und Wohlstand in Deutschland, und der Krieg ist außerhalb, wo er stattfindet. Hunger gibt es seit bald einem Menschenalter nicht mehr. Bei uns.
Und ich will auch überhaupt nicht mehr die Frage stellen, wo dann? Wo dann der Hunger sei, bis hin zu Hungers sterben?
Und nach einem Warum will ich auch nicht mehr fragen. Seit mit dieser Frage im Marschgepäck unsere Bewaffneten rund um den Erdball geflogen werden, fliegen, ist mir dieses Fragen ganz abhanden gekommen, oder daß ich es nicht mehr kann hinunterkriegen, wo es derart steckengeblieben ist im Hals, sodaß es nicht herauf und nicht hinunter will gehn und einfach fest da sitzt: wir haben Frieden in diesem Land, wo niemand so wenig hat, daß er nicht satt werden könnte und nicht einmal muß ungenügend angezogen sein, wo er aus allen Kleidersäcken, die überall herumstehen, in allen Ortschaften, sich herausnehmen und herausnehmen könnte, gratis und so viel, daß er's nie abtragen könnte, sein Lebtag nicht.

Es ist alles diese Übertreibung geworden und es stimmt nichts. Nichts mehr stimmt. Ich könnt es nicht abtragen und wenn ich noch ein halbes Leben vor mir hätt, und wenn ich noch ein ganzes Leben vor mir hätt, es ließ sich nicht abtragen und nicht nur die Kleidung nicht.
Es sind auch Schuhe, bergeweise, und Tische und Stühle und Bänke und Kästen und Schränkchen.
Es sind Messer- und Teller- und Gabelberge, Fahrräderberge, und von all den anderen Bergen, den vielen anderen sprechen wir jetzt nicht; von den Bergen verderblicher

Speisen, von den Bücherbergen, von denen von Bildern und denen von Musikalien; von den Früchten, die von unseren Bäumen fallen, von dem Holz, das in unseren Wäldern modert. Ins Sinnlose hinein fließen Trinkwasserströme und die Elektrizität auch ins Sinnlose hinein.

Es ist dem Armen nichts anderes übrig geblieben als zu sagen: Wenn ich einmal arm wär ... Wenn ich arm wäre, könnt ich weggehen vom Tisch der reichen Welt und mein Platz dort soll leer bleiben; ja, das wäre schön. Ich möchte arm sein.
Und ich wünsch es für dich auch, daß du arm wärst, und daß es für lange möchte so bleiben und sein. Und ich wünsch es euch, die ihr noch das halbe Leben vor euch habt, und jenen besonders wünsch ich's, die noch das ganze Leben vor sich haben: ihr jungen Menschen, „frisch und aufstrebend seid ihr das erblühende Leben, gleichsam die Sonne um neune oder zehne morgens" nach Mao Tse Tung, ihr Jungen, sollt nicht Angst vor der Not haben. Meine Hoffnungen ruhen auf euch.
Wer es zu nichts bringen wird, der muß auch nichts verlieren von all dem, was aber viel kostet und das man nicht braucht.
„Ich brauch es nicht", könnt ihr dazu sagen, frei und frank, das kann nicht jedes; so darf man es stolz sagen und sich nicht schämen: ich brauche nichts, und niemand soll sich grämen, der diesen Anteil nicht mehr hat an der reichen Welt. Soll sie reich sein – wir finden ein neues Reich.

Wir finden ein neues Reich. Lenin soll gesagt haben, wer die Revolution wollte, der müßte sich auch für das Teewasser einsetzen der kleinen Leute; Arbeiter in den Betrieben, daß sie eine rechte Vesperpause haben, stell ich mir vor, und hab es selber ja auch so gemacht, mitfühlend und jung, aus nach Gerechtigkeit dürstendem Herzen heraus darf man sich natürlich dafür nicht zu schade sein noch für besseres Toilettenpapier öffentlich zu streiten und vor der versammelten Kollegenschaft!
Denn es liegt in jedem Kampf um kleine Gerechtigkeiten

doch herrlich ein Abglanz von dem großen herrlichen Kampf, so war es zu verstehen, das mit dem Teewasser, aber es war eigentlich von Anfang an so, daß es nur immer um „Teewasser-Dinge" geht. Und im Fall, daß es scheint, daß es um Höheres ginge, ist nur höherer Lebensstandard gemeint, Häuser und Wägen etwa und nicht die Revolution und ein anderes Leben und Wirtschaften und Zusammengehn in meinem neuen Reich.
Es ist dieser Lebensstandard, der die Menschen umtreibt, seine Wahrung und möglichst Verbesserung wird zum Ziel. Chruschtschow, der vielgeschmähte, fällt mir dazu ein und sein „Gulaschkommunismus", wenn ich mich recht erinnere, oder ein Guter König Soundso, der vor vielen Jahrhunderten schon sich dafür einsetzen wollte, daß jeder Franzose sonntags sein Huhn haben sollte im Topf und darum der „Gute König" hieß; ich erinnere mich leider richtig, daß es so ist: Je mehr „Teewasser", desto weniger Revolution, was für gewöhnlich die Leute erheiternd finden, wenn man es so sagt und sich grämt darüber und klagt.
Ja, ich klage. Es ist ein Gram für mich, wie soll ich es lustig finden? Ich muß andere das lustig finden lassen und kann nicht mitlachen. Allenfalls etwas kann ich es, wenn ich's auf mich schiebe, was in Worten so heißt: Ich hab keine Massenfühlung und zu wenig überzeugend gewirkt, und keine Fühlung zur Klasse, dann kann ich auch etwas lachen über das, was mich grämt...

Oh, es müßte der Ekel doch vor einem System so mächtig sein, daß man es gar nicht mehr will. Das System, das die Menschen zu Bettlern macht nach den „Arbeitsplätzen", die es zu vergeben hat als ein angeblich hohes Gut; Bettler, die eben das verkünden an jedem Tag, der neu wird und ein einmaliger ist in ihrem Leben, daß das, und besonders wenn es ihnen vorenthalten wird, ein höchstes Gut sei, auch wenn es überhaupt kein Gut ist, sondern nur schlecht und Ausbeuterei und Verbrechen.
Die Dinge sind auf den Kopf gedreht und anstatt sie auf die Füße zu stellen, machen die Leute einen Kopfstand.

In dieser Zeit, in der nichts mehr gelten soll, was unbestreitbar, bleib ich dabei: Lohnarbeit ist Sklaverei. Sklaverei! Davon bekommt ihr mich nie weg, rück ich nicht ab. Das ist meine feste Burg. Aus der will ich nur weichen, wenn man mich dereinst mit den Füßen voran undsofort undsofort+++

Der Arbeitslose ist auch die Arbeit los. Wenn noch jede Krankheit die Chance in sich birgt, die Welt neu betrachten zu können, wievielmehr birgt in sich das Ohne-Arbeit-Sein.
Von Enver Hoxha, dem albanischen Partei- und Staatsführer von ehedem, hat mir gut gefallen, daß er gesagt hat: lieber Gras essen – seiner albanischen Berge – als das Brot derer, die damit bestimmen, wer es bekommt.
Es ist in Albanien anders gekommen, aber Hoxha hatte darin trotzdem recht: Wenn wir nur Gras haben, verteilen wir das Gras, und wenn Brot, das unsrige.
Denn es geht gar nicht um Brot und Gras, um Gulasch und Autos, es geht um das Verteilen. Daß wir teilen und keine Ungleichheit dabei zulassen. Das ist das Ideelle am Kommunismus, sein Wesentliches, was in einem wie ein wärmendes Feuer brannte, und wenn es verloren geht, kommen wir irgendwo an, wo ich gar nicht hin will ...
Ja, du ...
Ja, ich! Ich will mich nicht einrichten, wo es mir nicht gefällt. „Es gibt was Besseres in der Welt" – woran deine arme Mama auch geglaubt hat bis zuletzt, und ihre Wäsche blieb alle im Koffer; nichts rechtes wollte sie recht auspacken in ihrem letzten, ungeliebten (Dach)-Juchhe...

Wenn eines nie viel wollte und nie viel hatte und es zu nichts hat gebracht, darf es dann schon bekennen, daß es immer noch weniger will, daß ihm LEBENSSTANDARD immer, so vielmal schon zuwider war und ist, daß ihm schon das Wort „Lebensstandard" so sehr zuwider war und ist, und daß das bei ihm wird so bleiben sein Leben lang?
Ja, aber ich fürchte, sie würden mir die Leier, die dieses

Lied euch singt, mir auf dem Kopf in Stücke hauen, daß sie zerbricht, die Harfe, die Lyra, über meinem Haupt sie ganz zerschlagen.

Wer?

…ach die, die ich meine, sie wissen das schon, die, die ich liebe und ja auch das wissen sie schon, daß ich sie liebe, die die Mühseligen und Beladenen sind.

Für die Ausbeuter und neuerdings Bellizisten red ich doch ohnehin nicht ein Wort, nicht eine Zeile hab ich für sie geschrieben, die Ärsche sind.

Und die in diesen harten Zeiten, den rauhen, so frech geworden sind, daß man nicht mal Aasch zu ihnen sagen dürfen soll, wo sie doch dick auf einen sich draufsetzen damit; auch nicht mit"rr" darf man's sagen: ihr Ärrsche …

Mein Kommunismus hatte nicht sollen eine arme Welt sein, aber eine gerechte. Ohne Gerechtigkeit konnte es nie einen Platz geben, wo es erquicklich war.

Wenn wir wenig haben, haben wir alle wenig, und wenn viel, alle viel.

Allzuviel wird es dann ohnehin nicht geben, wenn wir gerecht wollen bleiben beim Teilen. Die Gerechtigkeit wird es so richten, daß nichts zuviel wird, denn sie teilt alles und ist selbst unteilbar.

Sie kann gar keinem zu viel geben, denn sonst wäre es für einen anderen zu wenig und das wäre unvereinbar.

Der weithin vielgeliebte Che Guevara hat in einem Brief an seine Kinder geschrieben: „…seid vor allem fähig, jede Ungerechtigkeit gegenüber irgendjemandem irgendwo auf der Welt bis ins Tiefste zu empfinden, das ist die schönste Fähigkeit eines Revolutionärs."

Es ist seine schönste Fähigkeit, seine Eigenschaft, die ihn durch ein ganzes Leben tragen kann, weil sie niemanden ausschließt und auch nicht die Feinde.

Und auch nicht meine Feinde. Es war wie ein Leuchtfeuer, nach dem eines kann Kurs halten, es schien unentwertbar.

Es kann nie erlöschen, auch wenn alle Hoffnung erloschen ist. Wie wenn es für sich selbst brennen würde ist es, und gar nicht für einen! – für mich nicht, der ich so gern zu ihm hinschau und nicht in seinen Lichtkreis gehöre, wie der nicht, der hoffnungslos geworden klagt, daß er so ohne Hoffnung sei und er sagt immer: laß alle Hoffnung fahren. Aber daß er das annehmen will, das Alle-Hoffnung-fahren-zu-Lassen, das sagt er auch.

Es auf mich nehmen will ich, ganz wie eine Bürde und verdiente Last!
Mein Päckchen, das ich zu tragen habe, alle Enttäuschungen.
Alle Enttäuschungen zu mir her! An meine Brust!

In meiner Brust, sagt er, alles Enttäuschung, quasi ein ganzes Paket! So wie ich es verdient habe, denn mein Glaube war schwach.
Wer stark im Glauben ist, wird nie enttäuscht. Wer eine Sache ihrer Unzulänglichkeiten wegen aufgibt, zeigt damit immer Glaubensschwäche. Es muß sich ja selbst ein Verräter am Idealbild dessen messen lassen, was er verriet, und nicht an den Mängeln, die immer vorhanden und nie eine Entschuldigung sind.
Der Glaube richtet sich auf das Gute, wofür die Menschen, so sagen die Menschen, nicht gut genug sind und zweifeln am Paradies und am Kommunismus.
Das war mein Hauptübel: kein Gottvertrauen und nachher keins in die Menschen, die Massen. Was kann da noch kommen? Nur man selbst ... ich, oh weh.

Wenn man beginnt, die angenommenen Aussichten des Menschengeschlechts mit der eigenen Endlichkeit zu verknüpfen, mag man gar nicht mehr so gern nach vorne hinschauen; kann daher gerade so gut auch zurückschauen wollen, wenn im Jetzigen es einem nicht behaglich sein kann. Anstatt vorwärts, zurück, so kann man das sagen. – Ich möchte so weit zurückgehen, bis dorthin, wo es noch nicht angefangen hat, daß man nicht mehr gerne nach vorne schauen mag, denn es muß doch einmal damit begonnen haben, daß es Schluß wurde, an das Bessere zu glauben, das kommt...
Oh, ich habe doch so die INTERNATIONALE gern gesungen. Aber wenn ich jetzt an die Stelle komme, wo es

heißt :"Die Internationale erkämpft das Menschenrecht", muß es mir wiederum auch im Hals stecken bleiben wollen, wenn ich überhaupt noch von ihm sing, wo es in Kampfhubschraubern international wird herumgeflogen und es nur noch zum Singen ist, wenn einer davon vom Himmel fällt, auf daß alles darin muß verrecken, einschließlich Menschenrecht, von dem mir's schon vom Wort her schlecht wird, das man muß zudecken, daß man es nicht mehr sieht.
Es ist mir zuwider. Ich will es nicht. Haut ab! Nehmt's mit, könnt ihr behalten undsofort will man dann ein weiteres Mal und ohne Besinnung seine Rede fortsetzen, fortsetzen und fortsetzen und sich immer nur unglücklicher machen damit; oder daß vielleicht der ganze Antrieb zu allem einem einmal vielleicht doch möchte versagen wie eine Stimme, die auch auf einmal wegbleiben kann, oder daß sie überschnappt ist, ja, sie überschnappt, auf daß die Leute endlich sagen können: er ist übergeschnappt, was stimmt.
Er ist überschnappt. Vielleicht daß er mal probieren könnte, so weit zurückzugehen bis dorthin, wo er noch nicht überschnappt war. Irgendwann ja das angefangen haben, wofür die Ernsthaftigkeit seiner Jugend gab. Meine Jugend gab.
Wenn einer nie Reiter wollte sein, aber auch nicht das Roß. Quasi war seine Wahl, daß wir alle zu Fuß gehen, war sein Ideal.
    Das menschliche Streben richtete sich immer nach viel, hingegen wenig das Ziel. Ich will arm sein.

    Ich will immer arm sein. Hab lange gewußt, daß es derselbe Wunsch ist wie: ich möchte gerecht sein.
In der Bedürfnislosigkeit findet alles Gerechtigkeitsstreben seinen rührendsten Ausdruck, der rührende Wunsch seine innigste Gestalt.
Ich wünschte mir die Kraft, eure Gesundheitsapparate auch herzlich zu mißachten, denn einmal werden alle zu mir sagen, daß ich sie brauch. Daß ich dann die Kraft habe, diese Ungerechtigkeit einer Gesundheit von mir zu weisen, die nur eine Krankheit ist und oft genug eine Torheit. Die

gerade die befällt, die von der Lebenszeit her weiser geworden müßten sein und gelassen, wie man so gerne jodelt, bevor man endlich stillere Gewässer erreicht und dann vollends still wird vor der letzten Gerechtigkeit, die die einzige ist und war und wird sein bis in Ewigkeit, Brüder und Schwestern, Genossinnen und Genossen – Stille Gewässer sind tief.

JOHANNA WALSER
Mirellas Ausflüge in die Umgebung

Mirella besuchte eine Messe. Gesänge ohne Begleitung durch Orgelmusik kamen ihr vor wie ein Schiff, in dem alle Singenden geborgen waren, während sie, ausgesetzt im unendlichen Meer jeder Art von Ungewissheit, langsam dahin fuhren. Eine Geborgenheit mitten in der Ungeborgenheit. Häuser-Sträucher-Baum-Schönheiten fingen ihren Blick, ließen es ihr schwerfallen, überall vorüber zu gehen, hielten sie an. Sie ging an ihnen vorüber, ihre rätselhafte Schönheit streifend, so dass sie sie immer weniger lange ansah, als sie sie gern angesehen hätte. Sträucher mit rosa, mit hellblauen Blüten, zart, hell. Die Farben, die Licht-Schattenspiele im Wind. Zu jedem Fenster fiel ein Bild herein, bei dem sie, ging sie durch die Wohnung, stehenblieb, das sie anhielt, unterbrach, dass sie nur noch schaute. Wenn sie in der Wohnung herumging, hallte ihre Einsamkeit, die Stille und das Licht auf dem kühlen Stein.

Die andere Sonne. Merkwürdig, mit dem Flugzeug zu reisen. Die Entfernungen werden abstrakt. Als Mirella ausgestiegen war, überall Zeichen dieser anderen Sonne, die Palmen, die Pinien, die Zypressen, Büsche, blühend fremdschön in den Farben, zartrot, fast ins Bläulichviolette hinüberspielend und ein Hellblau... Dann wieder vertrocknetes bräunliches Gras. Sonne, ihre Lichtmacht, ihre Warmberührung. Noch bevor sie anfing, darüber nachzudenken, war sie schon mit ihr verbunden, von ihrem Strahl getroffen, kam sie ihr zuvor, überschüttete sie blendend. Rötlichbraun die Häuser, dann wieder ockerfarben. Gebäude, moderne sachliche Häuserblöcke, dann straßenlang Villen erfindungsreicher Formschönheit, Winkel, Bögen, Verwinkelungen, jede ein Kunstwerk.

Überall, feinverästelt, Antennen auf den Dächern, filigrane Konstruktionen, denen Mirella die Kompliziertheit der Intelligenz, die sie hervorbrachte, anzusehen glaubte. Ein Ausdruck des Wunsches, nicht allein zu sein, die vielen

Botschaften der Menschen von überallher zu empfangen und darauf zu antworten, dachte Mirella. Am Bahnhof nahm sie ein Mann an der Hand, als kenne er sie, und ihr gefiel es so gut, ihre Hand in seiner, ohne zu wissen, wer er war, sie sah nur, er lächelte sie an, fröhlich, als gingen sie von nun an immer gemeinsam, als helfe er ihr, nie mehr allein zu sein, als könne sie sich ihm anvertrauen. Schon hoffte sie, es sei jemand von der Gemeinschaft, mit der sie verabredet war, um sich von ihm nicht gleich wieder trennen zu müssen. Nur dann, plötzlich, sah sie, das Auto, das sie abholen sollte, es hatte, wie sie am Telefon erfahren hatte, ein gelbes Zeichen auf dem Dach. Sie musste ihre Hand aus der Hand ihres liebenswürdigen Begleiters ziehen und sich von ihm verabschieden, auch wenn es ihr leid tat, er lächelte ihr fröhlich nach, als freue er sich, auch über sie, darüber, dass sie Hand in Hand zusammen gegangen waren. Er stimmte zusammen mit dem freudigen Klang der Sonne und des Himmels. Glich er nicht einem Schutzengel? Gern hätte sie ihn wieder getroffen, getraute sich aber nicht, das auszudrücken. Welche Sprachen er sprach, wusste sie nicht, gewagt, mit ihm zu sprechen, hatte sie noch nicht, ihr Zusammensein war doch schon eine Sprache gewesen. Lieber hätte sie eine Sprache gewählt, mit der sie sich hätte mit ihm verabreden können, um weiter mit ihm zusammen sein zu können. Sie stieg in das Auto mit dem gelben Zeichen. Sie war verabredet in dieser schönen Stadt, die sie noch nicht kannte, die sie durch ihn fröhlich an der Hand genommen hatte.
Schwalben sprühten in den Himmel, ihre Schreie schnellten in die Tiefe des Himmels, stürmten eine Grenze, prallten ab, fielen, verhallten in Bögen.
Riesige Villen, wunderbar gelegen, auf Hügeln. Fresken im Inneren, Wandgemälde, Brunnen. Zwei Frauen-Statuen mit zerstörten Gesichtern, als Mirella sie ansah, die unwillkürliche Empfindung, als litten sie unter der Zerstörtheit ihrer Gesichter. Sie sprachen zu ihr, allein indem sie sie ansah.
Mirella überquerte den Platz vor einer Kirche, ging vorüber an den Brunnen, betrachtete, wie das Wasser aus der Spitze des Brunnens in der Mitte emporsprudelte, in ein tieferes Becken hinabfiel und von dort herausquoll, um in

ein noch tieferes zu fallen. Sie betrachtete die Bilder, auf denen der Kreuzweg dargestellt war, an der einen Seite des Platzes, während sie zur Kirche ging. Dann besuchte sie zuerst die Kuppel, fuhr mit dem Aufzug hinauf, betrachtete die Kuppel von innen, stieg weiter die Treppen bis zum höchsten Punkt hinauf, wo sie einen Rundblick über die Stadt gewann. Sie sah Gärten im Hintergrund, die Pinien bildeten, nahe zusammenstehend, mit ihren Kronen ein Dach, nur ihre Stämme trennten sich unten. Einen kleinen Ausschnitt des Flusses sah sie und vage aus dem Dunst, fern, erhoben sich Berge. Während sie die Treppen hinaufstieg, geriet sie außer Atem, musste mehrmals stehen bleiben, eine zeitlang stieg mit ihr eine freundliche Familie hinauf, die Deutsch sprach, zu dieser Familie gehörte auch eine junge Nonne, die sie an ihre Mutter erinnerte. Mirella wagte oben auf dem Rundgang nicht bis zur Brüstung, bis zum Gitter vorzugehen, sondern blieb stehen, ganz hinten am Rand, sich am Stein festhaltend, wo sie genauso gut sehen konnte. Denn die Höhe machte sie ängstlich und fast schwindlig. Als gäbe es eine Schwerkraft, die sie hinunterziehe, die sie übers Geländer kippen lasse, gegen die sie sich vorsehen musste. In der Kirche widmete sie sich jedem Bild, jeder Skulptur und versuchte, sich in die dargestellten Figuren einzufühlen. Der Marmorboden, ein Kunstwerk der Natur mit seinen Maserungen und Farbspielen. Gerade hatte sie drei junge amerikanisch sprechende Leute für Amerikaner gehalten, dann sprachen sie einwandfrei Italienisch, vielleicht doch aus Italien, dachte sie, und plötzlich sprach einer von ihnen Deutsch, wie ein Deutscher. Sie konnten auch Deutsche sein. Woher sie kamen, hätte sie nur durch ein Gespräch erfahren können. Verschiedene Sprachen wirbelten durcheinander, ging sie über die Plätze, besuchte sie eine Kirche. Die, an denen sie vorüber ging, konnten von überall her sein.
Wie Schwestern, dachte sie, als sie türkische Frauen in der U-Bahn miteinander sprechen und zusammen sitzen sah. Eine von ihnen häkelte ein Gewebe aus Spitzen.
Ruinen. Schwer, sich vorzustellen, wie das alles ausgesehen haben könnte. Wie alles da lag, verstreut, meist zerbrochen,

ruinenartig, in der Sonne, im Grün. Verschiedenste Menschen gingen zwischen den Ruinen herum, Eichhörnchen, junge Katzen, da, dort.
Eine Ausstellung mit Bildern von Malern der ersten Hälfte des 20. Jahrhunderts. Manche Bilder erinnerten Mirella an eine Albtraumstimmung. Menschenleere Landschaft aus zweckmäßig einfachen Gebäuden, einem Gaswerk? Viele rauchende Fabrikschlote, die mit ihren schwärzlichen Rauchfahnen den blauen Himmel verschleierten, verschmutzten, verdüsterten, sich ausbreitend, beherrschend weithin wehend, das Blau des Himmels immer weiter auslöschend. Schwärzlich, einfache zweckbestimmte Häuser, wie Wohnungen für die in den verschiedenen Werken Arbeitenden, dachte Mirella. Menschenleere, von Zweckbestimmtem beherrschte Landschaft. Die zweckmäßigen Dinge, die Technik, das Industriegetriebe herrscht so sehr in dieser Phantasielandschaft, dass Menschen gar nicht mehr zu sehen sind, verschwunden sind. Sie sind nicht mehr sichtbar an diesem sonnigen Tag. Als seien die Menschen nur noch vorgestellt als Anhängsel irgendwelcher im Inneren der Werke verborgenen Maschinen. Die Wohnungen, zweckmäßig, schmucklos, nüchtern, karg, keine Blumen, keine Zeichen dafür, dass sie überhaupt bewohnt werden. Und über allem doch die Sonne, der blaue, von Rauch schwarzverdüsterte Himmel, noch hat der Rauch ihn nicht ganz verdecken können. Keine Pflanzen, keine Gewächse, keine Lebewesen. Ein Pferdebild: Weißes Pferd am Strand, steht, still, dem Meer zugewandt, mit erhobenem Kopf, schaut aufs Meer, das blau ist, weiße Wellenkronen, am Horizont wird der blaue Himmel ganz licht. Ein Hund bellt das Pferd an. Das Pferd, wie vom Himmel gefallen. Ein Bild einer Skulptur: Kopflos, ein Arm abgebrochen, liegend, eine Statue. Ein Frauenbild: Eine Frau, ganz dünn, schmal, das Haar nach hinten an den Kopf gesteckt, sitzt in einem Sessel, schön gekleidet und schönes Geschirr im Hintergrund auf einer Kommode. Sonnenstrahlen von einem Fenster im Hintergrund fallen ins Zimmer. Ein kleiner schlafender Dackel liegt auf einem Sessel neben dem Sessel, auf dem die Frau sitzt.

Ich komme zu den ersten Häusern von Radolfzell, in die Welt der Gartenteiche. Die Gartenteiche sind mit Folie ausgelegt. Als hätte man einen alten Kradmeldermantel in einen Bombentrichter aus dem 2. Weltkrieg geworfen. Da läuft dann Regen und Dreck rein und es wachsen dort Pflanzen und leben dort Tiere, die Gott sich ausgedacht hat, als er grottenschlechte Laune hatte. Entengrütze und Wassersalat. Kamm-Molche und Wasserflöhe und Militärhubschrauber-Libellen.
Trotzdem kann ich die Leute verstehen, die was im Garten haben wollen, das den Himmel spiegelt.
Mein Gartenteich ist der Bodensee, denke ich in einer komplizierten Mischung aus Unverschämtheit, Arroganz, Dankbarkeit und Demut.

FELICITAS ANDRESEN lebt in Hemmenhofen am Bodensee, wo sie auch geboren ist. Alles, was man über sie wissen kann, steht MEHR oder WENIGER oder GAR NICHT verschleiert in ihren Veröffentlichungen, die man im wesentlichen über ZVAB bekommt. (Außer „Fichte im Bett", 2010 Drey-Verlag, das bekommt man über den Buchhandel).

→ SEITE 9

„Nevertheless, in Heimat we recognize the counter-emancipatory efforts of mass culture at work: We see a small town on a Sunday morning. From the soccer field, we hear the oom-pah-pah of the Musikverein. There are sunny beer benches, already full of Frühschoppen guests who drink their morning beer. Today is Gerümpelturnier, a soccer tournament for everyone, the seven-year-old, the butcher, the mailman, the grocer, and the fifty-five-year-old elementary school teacher. And at night the big bass drum beats hard and clear: march and polka and waltz. The tuba plays the quarter notes. And in the end everyone and everything clings together again, all united in harmless fun; everyone feels good about having contributed."

(Peter Blickle, „Heimat. A Critical Theory of the German Idea of Homeland", 2002)

PETER BLICKLE, geb. 1961 in Ravensburg und aufgewachsen im oberschwäbischen Wilhelmsdorf, unterrichtet, nachdem er eine Doktorarbeit über Maria Beig schrieb (*Maria Beig und die Kunst der scheinbaren Kunstlosigkeit*), seit 1996 als Professor für deutsche Literatur und Sprache an der Western Michigan University in Kalamazoo, USA. Die Sommermonate und immer wieder ein Freisemester verbringt er in Oberschwaben. Mitglied des VS Baden-Württemberg, der Meersburger Autorenrunde, des Literarischen Forums Oberschwaben und der Gesellschaft Oberschwabens für Geschichte und Kultur. 2002 erschien sein Roman *Blaulicht im Nebel*, 2011 der Roman *Von einer Liebe zur andern* (beide Edition Isele, Eggingen). Preisträger beim Irseer Pegasus 2004. Mitherausgeber der Maria-Beig-Gesamtausgabe (2009) und der Festschrift *Maria Beig zu ehren* (2010).

→ SEITE 16

Johann Peter Hebel: Wie man aus Barmherzigkeit rasiert wird. Eine Nacherzählung.

MANFRED BOSCH lebt seit 2008 wieder am Bodensee, dem er durch mancherlei biographische Stationen, aber auch durch seine publizistische und literarhistorische Arbeit in besonderer Weise verbunden ist. Dazu zählen Autoren, Künstler und Verleger dieses Raumes wie Jacob Picard, Harriet Straub, Tami Oelfken, Hans Leip, Curt Weller, Josef W. Janker, Barbara Michel-Jaegerhuber und Bruno Epple sowie Anthologien („Unser aller Weg führt übern Bodensee", 2000) und größere Darstellungen zur Region wie „Boheme am Bodensee" (1997), „Schwaben-Spiegel" (Mitherausgeber, 2006) und „Zeit der schönen Not. Die Anfangsjahre des Südverlag in Konstanz 1945 bis 1952" (2009).

Foto: Reinhold Schneider

„Als kleiner Bub habe ich immer wieder gesagt, ich würde Bauer werden. Auf mich seien mein Großvater und mein Vater besonders stolz gewesen. Aus mir sollte etwas werden."

OSWALD BURGER, geboren am 23. Juli 1949 in Meersburg, aufgewachsen in Bermatingen, Abitur am Heinrich-Suso-Gymnasium Konstanz, Studium an der Universität Konstanz und der Philipps-Universität Marburg, seit 1977 Lehrer an der Jörg-Zürn-Gewerbeschule Überlingen, seit 1991 Leiter des Literarischen Forums Oberschwaben, Mitglied in literarischen Gremien, Kommunalpolitiker in Überlingen, erhielt für seine historischen Forschungen und seine Vermittlungsarbeit um den „Goldbacher Stollen" 2007 das Bundesverdienstkreuz und für seine kulturellen Aktivitäten 2011 den Kulturpreis des Bodenseekreises.

→ SEITE 22

ALBWEG, ABENDS

Und langsamer gehn, die Lippen befeuchten:
noch steht der Weizen blau im Feld,
das Licht geht unter, die halbe Welt,
der Kalk beginnt zu leuchten,

und zögernder unterm Katafalk
der Dämmerung und zwischen den Bränden,
und kaum noch gehn und fast schon enden –
die Lippen löschen den Kalk...

VOLKER DEMUTH, geboren 1961 in Süddeutschland ist Lyriker, Essayist und Medienwissenschaftler. Er studierte Philosophie, Literaturwissenschaft und Geschichte an den Universitäten Tübingen und Oxford. Neben seiner Tätigkeit beim Rundfunk (SWR), bei der eine Reihe von Hörspielen entstand, war Demuth bis 2004 Professor für Medientheorie an der Fachhochschule für Gestaltung in Schwäbisch Hall. Um sich dem Schreiben und der Arbeit an multimedialen Sprachinstallationen zu widmen, gab er seine Lehrtätigkeit auf. Er veröffentlichte zahlreiche Bücher und publizierte in verschiedenen Kunst- und Kulturzeitschriften. Seine Gedichte wurden ins Englische, Französische und Russische übersetzt. Für seine Werke erhielt er mehrere Auszeichnungen. Er lebt als freier Schriftsteller in Zwiefaltendorf (Donau) und in Berlin.
Neue Bücher:
Lapidarium, Gedichte, Verlag Ralf Liebe, Weilerswist / Köln 2010.
Zyklomoderne, Ein Essay, Passagen Verlag, Wien 2010.

O wie schä

en Kläne
kunnt d Stroß rab
elloenig mit em Ranze
uf em Rucke
us de Schuel

also wie duckt

zmool
goht en Rucker durch
den kläne Maa

er fangt a renne
und tschuttet vor sich häre
e Bix

o wie des schäpperet
wie hell des vu allene
Hiiserwänd zruckrieft:

wie schä
o wie schä des Läbe doch ischt
mit ere Bix vor de Fieß.

BRUNO EPPLE ist 1931 in Rielasingen im Hegau geboren. Kindheit und Jugend in Radolfzell am Bodensee. Studium der Germanistik, Romanistik und Geschichte in Freiburg, München und Rouen. Bis 1989 Gymnasialprofessor. Danach freier Autor und Künstler.
Lebt, malt und schreibt heute in Wangen auf der Höri.

Ausgezeichnet mit dem Bodensee-Literaturpreis der Stadt Überlingen.
Ausstellungen seiner Malkunst, weltweit.
Zahlreiche Bücher, zuletzt erschienen, 2011: Erntedankfest. Ein Lesebuch mit einem Vorwort von Martin Walser

→ SEITE 34

Zehn Silben mal zehn Zeilen sind ein Donauquadrat, zehn Quadrate ein Würfel; mit siebenundzwanzig Würfeln erzähle ich in meinen „Donauwürfeln" vom Fluss, vom Wasser selbst, von der Vergangenheit der Donau und von ihrer Umgebung. Damit sind die Würfel eine gezählte, aber fließende Erzählung.
In der „Notiz über die Donau" setze ich diese Idee fort, allerdings franst die Zählung aus (die Donau tritt aus ihrem Bett?).

ZSUZSANNA GAHSE, geboren 1946 in Budapest, lebt seit 1956 im deutschsprachigen Raum, zuletzt in Stuttgart und Luzern, nun wohnt sie in Müllheim(Schweiz).
Ihre literarische Arbeit ist seit jeher zwischen Prosa und Lyrik angesiedelt. Etwa 25 Buchpublikationen, 2010 erschienen: „Donauwürfel" und „Das Nichts in Venedig".

das fell der katze
vibrierend vor
ehrlichster liebe
ohne ansehen der person
oder eher
mit blick auf den
der ich
gerne wäre

OLIVER GASSNER, geboren 1964, lebt seit 2010 wieder in seinem Heimatort Steißlingen im Hegau, Germanist & Anglist, in den 90er Jahren Mitherausgeber der Konstanzer Literaturzeitschrift „Wandler", Veröffentlichungen von Lyrik und Kurzprosa in etwa zwei Dutzend Zeitschriften, 1996 „Silberner Pegasus" von DIE ZEIT und IBM für Literaturvermittlung im Netz, diverse Projekte unter literaturwelt.de, Erschienen: experimentelle u.a. Arbeiten auf CD-ROM **textratouren**, update verlag, Zürich, 2003. Oliver Gassner arbeitet als freier Journalist und Unternehmer, gibt Workshops zum Kreativen Schreiben und berät Firmen und Einzelpersonen zu den Themen Internetkommunikation/Social Web und Kreativität/Produktivität.

→ SEITE 42

Jochen Greven hat von 1965 bis 1970 und dann wieder von 1992 bis Frühjahr 2009 am Bodensee auf der Höri gelebt, das erste Mal in Wangen, später in Gaienhofen-Horn. Die schwere Krankheit seiner inzwischen verstorbenen Frau erzwang die Rückkehr in die rheinische Heimat nach Bergisch Gladbach, aber im Herzen bleibt er dem Untersee verbunden…

JOCHEN GREVEN, geboren 1932 in Mülheim/Ruhr, hatte die Schule zunächst in Zerbst in Anhalt besucht, ab 1945 in Köln, wo er anschließend auch studierte. 1959 Promotion mit der ersten deutschsprachigen Dissertation über Robert Walser. Danach Tätigkeit in Buchverlagen, als freiberuflicher Publizist und – 1975 bis 1992 – beim Rundfunk. Mitglied des P.E.N. 2009 Ehrendoktor, verliehen durch die Universität Zürich. Zahlreiche Veröffentlichungen. Herausgeber u.a.: Robert Walser. Das Gesamtwerk.

→ SEITE 44

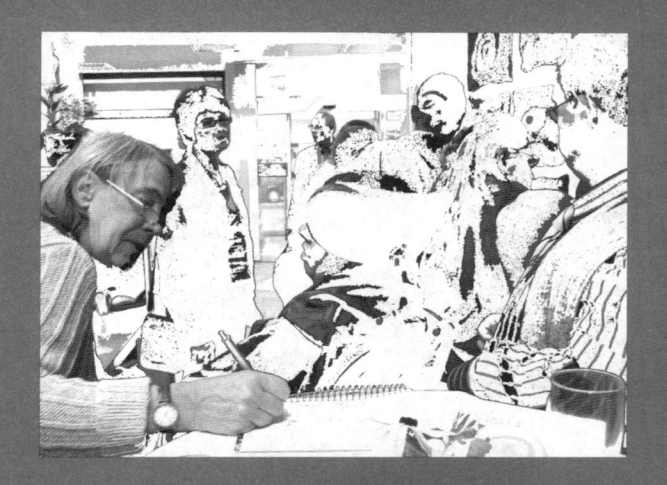

als das bleichschaf
um den deich schlich
sprach der deichgraf
du jetzt schleich dich

HIPPE HABASCH, Opfenbach/Westallgäu. Geboren 1948 im Spessart. Ausbildung als technische Zeichnerin. Nach diversen Tätigkeiten zur schreibenden Zunft konvertiert. Zweifache Mutter, einfache Oma. Letzte Buchveröffentlichung: „die liebe kam von links", Kurzprosa, Edition SIGNAThUR, Schweiz, 2004. Preise: Ja.

→ SEITE 52

Und Sie haben ja zu mir gesagt, ich könne doch nicht einfach alles aufschreiben, was mir gerade so einfällt. Dazu muss ich gestehen, dass ich meistens durchaus zufrieden bin, wenn es mir gelungen ist, nach all den geschilderten Bemühungen, Worte auf dem Blatt vorzufinden...
Oft spüre ich dann ganz deutlich, dass mir die Fähigkeit dazu fehlt, mehr aus den Worten zu machen, oder etwas anderes... Eher bin ich ja so dankbar dafür, dass sich endlich etwas auf dem Blatt eingefunden hat, das vorher so lange leer war. Und mir fällt beim besten Willen nichts dazu ein, auf welche andere Art oder Weise meine festgehaltenen Wörter nun auch noch zueinander finden könnten...
Aber ich hoffe, es Ihnen trotzdem recht machen zu können. Ich erkenne ja schon den Schiefstand in meinem Text und werde, zu gegebener Zeit, sofern es mir gelingen wird, sie festzuhalten, die richtigen Worte herausfischen und sie aufs Papier setzen, das Papier mit dem dann vielleicht fertigen Text mitbringen, mehrfach kopiert, das versteht sich von selbst...

SIBYLLE HOFFMANN, geboren in Heilbronn am Neckar im Juni 1953. Normale Schullaufbahn einer Arzttochter. Gescheiterte Lehrerausbildung. Diplom für Theaterpädagogik. Freies Schaffen szenischer und literarischer Art mit dem Kunstmaler Werner Mönch in den 80ern. Späte und gesegnete Mutterschaft. Kontemplatives Streben in klösterlichem Umfeld. Veröffentlichungen in Zeitschriften und Anthologien. Vorträge und Rezitationen über Gertrud von Le Fort und Hugo Ballin. Zusammenarbeit mit der Klause St. Benedikt.

Kürzestgeschichten sind als literarische Gattung von besonderem Reiz für mich. Oft liegen sie gleichsam am Weg, ereignen sich im Vorübergehen, im genauen Hinschauen: eine Szene, ein Gesichtsausdruck, Gesten, Satzfetzen, in denen sich etwas verdichtet. Momente, die zwingend beschrieben werden wollen, Texte, die sich wie von selbst schreiben.

Kürzestgeschichten sind auch deshalb reizvoll für mich, weil sie Platz in meinem hektischen Berufsalltag finden. Seit Anfang 2011 steht auf meiner literarischen Agenda ein Tagebuchprojekt, das eine vierwöchige Auszeit im Val Müstair zum Thema hat. Was mich daran begeistert, ist die Vielfalt der Gattungen. Ein Tagebuch lässt beinahe alles zu: Lyrisches, Reflexionen, Beobachtungen, Beschreibungen, Dialoge, Skizzen, kleine Geschichten etc. Eine erste Fassung steht. Die Fortsetzung ist für kommendes Jahr geplant, für die nächste Auszeit.

CONSTANCE HOTZ, geboren 1954 in Müllheim/Baden, Studium der Germanistik und Anglistik in Konstanz und Bristol/England, Promotion zum Dr. phil. mit einer Arbeit über Ingeborg Bachmann. Seit 1989 in der Werbung tätig, aktuell als Creative Director Text. Regelmäßige Auslandsaufenthalte verschaffen Verschnaufpausen für die Literatur. Publikationen: *Die Schwestern Padrun*. In: Landmarken, Seezeichen. Waldburg 2001. *Ein Bild aus Eis und Licht*. In: Silser Kurzgeschichten, Sils 2003. *Vier Tage im März*, Roman, St. Moritz 2007. *Die Küche*, Kurzgeschichte, Valchava 2010. Constance Hotz lebt und arbeitet am Bodensee und in Müstair, Schweiz.

→ SEITE 61

Gleichnis

auch Töchter
wollen heimkehren
am Tisch sitzen
mit Messer und Gabel
und einem Grappa
Papa

RENATE IGEL-SCHWEIZER
lebt in Liebenhofen;
Beiträge in Anthologien.

„…von einer verkehrten Welt, in der die Söhne bürgerlicher sind als ihre pubertierenden Väter"

BJÖRN KERN, 1978 in Lörrach geboren, lebt in Südbaden und in Berlin. Zuletzt erschien „Das erotische Talent meines Vaters" (Roman C.H.Beck 2010). Soeben wurde ihm das Jahresstipendium des Lands Baden-Württemberg zugesprochen. www.bjoernkern.de

→ SEITE 71

Die Gegend fordert oder bedrängt mich schon lange nicht mehr, sie drängt sich auf. Sie lockt nicht mehr an ein unbekanntes jenseitiges Ufer des Sees, sie überrascht nicht mehr hinter einer Kurve, auf der anderen Seite eines Tobels, hinter einem Drumlin, in einem zuvor nie gehörten Idiom.
Ich habe den fremden Blick verloren und die Gegend ihre Seele.

Foto: Verlag Klöpfer & Meyer

JOCHEN KELTER, geboren 1946 in Köln. Lebt als Autor auf der Schweizer Seite des Bodensees in Ermatingen und in Paris. Bis September 2010 Präsident der Schweizer Urheberrechtsverwertungsgesellschaft „Pro Litteris" in Zürich. Verschiedene Preise und Auszeichnungen für sein schriftstellerisches Werk. Letzte Buchveröffentlichungen: „Hall oder die Erfindung der Fremde" (Roman, 2005), „Verweilen in der Welt" (Gedichte, 2006), „Ein Vorort zur Welt" (Essays und Texte aus der Schweiz, 2007), „Bodenseegeschichten" (Hrsg. zusammen mit Hermann Kinder, 2009), „Eine Ahnung von dem was ist" (Gedichte, 2009).

Das Lesen, Erzählen und Schreiben von Geschichten spielten immer eine wichtige Rolle im Leben von **CHRISTA KNELLWOLF-KING**. Sie wuchs im Thurgau auf und organisierte Lesegruppen und Schreibwerkstätten als sie in den späten 80-er Jahren Anglistik und Germanistik an der Universität Zürich studierte. Ihr Engagement für die Literaturwissenschaften ermöglichten es ihr, die Welt zu sehen: sie lebte jeweils mehrere Jahre in Großbritannien, Australien, Österreich und Deutschland und lehrte englische Literaturgeschichte an Universitäten in Cardiff, Canberra, Wien, Konstanz und Berlin. Daneben ergriff sie jede Gelegenheit, kreatives Schreiben zu unterrichten. Ihr eigenes Schreiben wurde im Jahre 2006 mit einem australischen Förderpreis gewürdigt. Als Teil ihrer geisteswissenschaftlichen Arbeit publizierte sie zwei Monographien und fünf Aufsatzsammlungen. Ihre Habilitation beschäftigte sich mit englischsprachigen Darstellungen der Faustusfigur. Dasselbe Thema inspirierte sie, einen eigenen Faustusroman zu schreiben, der kurz vor seiner Beendigung steht. Sie hat Kurzgeschichten und Lyrik auf Deutsch und Englisch publiziert.

→ SEITE 79

Lebensgefühl: quergestreift

STEFANIE KEMPER, geboren 1944 in Hirschberg/Schlesien, lebt seit 1978 in Maierhöfen/Allgäu, Biologin. „Herrn Portulaks Abschied" (1998), Erzählungen; „Manchmal sprang eine Kugel (2002), Erzählungen und Gedichte; „Orte – Lyrische Impressionen aus allen Himmelsrichtungen" (2011). Vertonungen von Gedichten durch René Giessen, Gedichte zu Kompositionen von Charles Uzor.

→ SEITE 87

...von der Unmöglichkeit einer ethischen Begründung des Kapitalismus...

ERNST KÖHLER, geboren 1939 in Aachen, ist Historiker und freier Publizist. Nach dem Studium der Fächer Germanistik und Geschichte in Köln und Freiburg verbrachte er ein Jahr in den USA (Stipendium des American Council of Learned Societies).
1975–2009 hat er als Privatdozent für Neuere und Neueste Geschichte an der Universität Konstanz gelehrt. Schwerpunkte: Geschichte des Armenwesens im 19. Jahrhundert; deutsche Zeitgeschichte, Geschichte Jugoslawiens.
Daneben war er als Lehrkraft in Konstanz und Umgebung tätig. Ernst Köhler versteht sich als politischer Autor. Auf dieser Linie liegen seine Reiseberichte aus den Nachfolgestaaten Jugoslawiens, aber auch seine regelmäßigen politischen Kolumnen für den „Südkurier" in den letzten Jahren. Bislang hat er nur einen im engeren Sinne literarischen Text veröffentlicht: „Und er kommt und findet sie schlafend. Eine Erzählung", Weingarten 1986 (ausgezeichnet mit dem Thaddäus Troll-Preis). Neben zahlreichen Beiträgen vor allem für die Zeitschriften „Freibeuter" (Berlin) und „Kommune" (Frankfurt/M.) liegen von Ernst Köhler noch folgende Buchpublikationen vor:
„Arme und Irre. Über die liberale Fürsorgepolitik des Bürgertums", Berlin 1977 (Wagenbach)
„Lebenszeichen aus Tuttlingen. Notizen über eine Schule in Baden-Württemberg", Berlin 1980, zweite Auflage 1983 (Rotbuch)
„Die Stadt und ihre Würze. Ein Bericht aus dem Süden unseres Sozialstaats", Berlin 1983 (Wagenbach)
„Für das kleinere Ganze. Zu einem anderen Verständnis vom Ende Jugoslawiens" (zusammen mit Ivan Glaser), Münster 1993 (Westfälisches Dampfboot)
„Bildungsbürgertum und nationale Politik. Eine Studie zum politischen Denken Otto Hintzes" (Diss.) 1970 (Gehlen)

→ SEITE 89

*...es wird ein Tag sein
eingekringelt dein Haarkopf
in mein Gedächtnis
eingemuschelt deine Stimme
und dein Herzblick auf mir
bis zum jüngsten Tag*

ELEONORE KOKMOTOU
Schon als Embryo lernte ich das Teilen, denn in jener Phase teilte ich bereits die Lebensblase mit meiner Schwester und im Zweierpack, sie mir 10 Minuten voraus, kamen wir 1943 als Zwillinge in Stuttgart zur Welt. Eine glückliche Zwillings-Jugend, Zwillingsgymnasium, Zwillings-Sprachenstudium und Zwillings-Übersetzerinnen folgten. Dann teilte sich auch unser gemeinsamer Weg: sie eilte die Karriereleiter nach oben, wurde Vorstandssekretärin und ich eine Ehefrau und animalische Mutter von zwei bildschönen Töchtern und einem ebenso bildschönen Sohn. Scheidung von meinem griechischen Mann nach 25 Jahren.
1992 passierte eine große Zäsur in meinem Leben. Ich lernte meine große Liebe, meinen Lebensgefährten und Autor Werner Dürrson kennen, mit ihm lebte ich bis zu seinem Tod im Jahr 2008 auf Schloß Neufra. Unser intensives literarisches und kulturelles Leben führte mich, meiner Neigung entsprechend, mit großen Schritten zum ernsthaften Schreiben. Er wurde mein literarischer Ziehvater und ich seine kritische Leserin.
Es folgten kostbare Jahre eines zweisamen Schaffens. Einen Tag vor seinem Tod gründeten wir noch gemeinsam die Werner-Dürrson-Stiftung. Im Hintergrund begleite ich heute das Werk meines Lebensgefährten, halte Gedächtnislesungen, leiste Öffentlichkeitsarbeit.
Mein Anliegen an das eigene Schreiben ist nicht die epische, sondern die knappe, sublimierte und essentielle Form. In dieser Weise arbeite ich an einem Kurzgeschichten- und Lyrikband.
Seit 2010 lebe ich zeitenweise in München mit meinen Kindern und, jetzt schließt sich wieder der Kreis, mit meiner Zwillingsschwester Renate in Biberach.

→ SEITE 91

Der Horizont am anderen Ufer
formt seeweit sich
in schwarzen Hängen
bis Dunkelheit das Wasser füllt

THOMAS KUPHAL, geboren 1964 in Hamburg. Autor und Dozent, (Mitglied der Meersburger Autorenrunde, Wortraum-Ensemble, Lesezeichen e.V.). Studium der Germanistik, Anglistik und Philosophie an der FU Berlin. Seit 2008 lebt, lehrt und schreibt er in Überlingen am Bodensee. Neben Lesungen, Kabarettprogrammen und freien Lehraufträgen ist er als Schauspieler für Bühne und Fernsehen und als Synchronsprecher tätig.

→ SEITE 96

„Wann ist zum letzten Mal ein Schiff auf dem Bodensee untergegangen? Ein richtiges Schiff, kein Segelboot? Sicher seit Menschengedenken nicht mehr. Höchste Zeit also, daß wieder einmal etwas geschieht."

aus: Der Untergang der ‚Romanshorn' (1994)

ULRIKE LÄNGLE, geboren 1953 in Bregenz, Studium der Germanistik und Romanistik. Seit 1984 Leiterin des Franz-Michael-Felder-Archivs (Vorarlberger Literaturarchiv) in Bregenz. 1995 Stipendium der Stiftung Kulturfonds in Wiepersdorf, 1998–2000 Jurorin beim Bachmann-Wettbewerb Klagenfurt, 1997 Gastdozentur für Schriftsteller in Austin/Texas, 1999 Heinrich-Heine-Stipendium Lüneburg. Romane und Erzählungen, zuletzt „Bachs Biß" (2000) und „Seesucht" (2002).

→ SEITE 99

CHRISTA LUDWIG

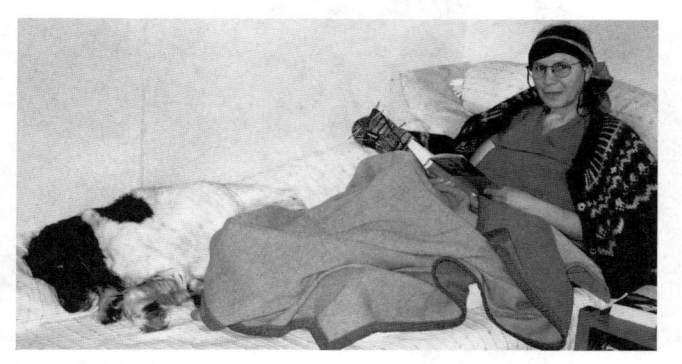

Ein typisches Foto.
Gut sichtbar sind jene drei Punkte, in denen ich Virginia Woolf gleiche (leider nichts Literarisches)

1. Ich muss immer etwas zu Fummeln haben mit bunter Wolle (Strickstrumpf, blau)
2. Ich bin unfähig, Kleider zu kaufen
3. Ich brauche einen Hund

Ich wurde 1949 in der Nähe von Kassel geboren. Zur Schule ging ich in Dortmund. Studiert habe ich in Münster und Berlin: Germanistik, Anglistik, ein wenig Theaterwissenschaft und Sprecherziehung.
Veröffentlicht habe ich hauptsächlich Bücher für Jugendliche.

Die wichtigsten gescheiterten Bücher:
– ‚Die Federtoten' (Anrich Verlag 1997), Roman über das 35-Tage-Leben eines Brathähnchens, also Massentierhaltung, heute ein Top-Thema, damals wollte niemand etwas davon wissen, ich versuche gerade eine Neuauflage zu initiieren.
– ‚Carlos in der Nacht' (Verlag Freies Geistesleben 2005), Spanien 1554, ein Versuch, die Vorgeschichte von Schillers ‚Don Carlos' zu erzählen, stand auf der Auswahlliste für das beste deutschsprachige Jugendbuch (Goldene Leslie).
– Ein Bündel Wegerich', Roman über Else Lasker-Schüler in Jerusalem, dafür bekam ich zwei Stipendien, aber niemand will das verlegen.

Die wichtigsten zufriedenstellend erfolgreichen Bücher:
‚Der Eiserne Heinrich' (Anrich Verlag 1989, 2000 als Taschenbuch bei Ravensburger), eine Geschichte über das staufische Mittelalter, spielt z.T. am Bodensee (vergriffen).
‚Ein Lied für Daphnes Fohlen' (Anrich 1995, Freies Geistesleben 2000) Roman über die Zeit von Alexander dem Großen.
‚Blitz ohne Donner' (Freies Geistesleben 2003): eine Sprache ohne Worte trifft auf eine Sprache ohne Töne.
‚Die Siebte Sage' (Freies Geistesleben 2007), 500 Seiten, um eine Frage zu stellen, auf die ich keine Antwort weiß.
‚Hufspuren' 6 Bände (Freies Geistesleben 2008-2010) Lesefutter und ein bisschen mehr.

→ SEITE 103

Альфа и Омега

Начало
вздох и крик.

Конец
вздох и безмолвие.

Между ними
слова,
слова,
слова.

Nina Neumann, *1946 in Jandoby / Tschuwaschien (Russland).
Besuch der Grundschule und des Gymnasiums.
Studium in Moskau am Institut für Energiewissenschaft.
1978 Umzug nach Riga. Leitende Position als Diplomingenieurin in der Rigaer Architekturverwaltung.
Seit 1996 in Deutschland. Lebte bis 2004 am Bodensee, dann Umzug nach Kleinkissendorf.
Literarische Arbeitsbereiche: Lyrik und Prosa.
Zwei Literaturpreise.
Veröffentlichungen: „Im Brunnen der Erinnerung. Gedichte und Geschichten". (2002) „Föhn". Gedichte.(2008).

→ SEITE 111

Einfache Dinge

Meine Gedanken bilden
einfache Dinge.
Am tiefsten behalte ich
Farben,
Geräusche,
Bewegungen.

Die Sonne verglühte
hinter der Waldwand,
als wir aufbrachen,
still für den Augenblick.
Auf dem Wege
vor uns
klirrten leise
die weißen Steine.

Walter Neumann, *1926 in Riga.
1933 – 1939 Besuch der deutschen Walther-Hollander-Schule.
November 1939 Umsiedlung samt Familie per Schiff nach Deutschland. Zugewiesener Wohnort Thorn (heute Torùn) in Westpreußen. 1940 – 1944 Besuch des Coppernicus- Gymnasiums.
März 1944 zum Militär eingezogen. März 1945 von den Amerikanern gefangen. Dolmetscher in einem amerikanischen Depot. Erste literarische Versuche im Stil der Romantik.
November 1945 ins westfälische Bielefeld entlassen. Dort vierundvierzig Jahre nach – und nebeneinander als Oberbauarbeiter, Dolmetscher, Maurerlehrling, Maurer, Zeichner, Techniker, Bibliothekar und Dichter zugebracht.
1965 Eintritt in den Westdeutschen Autorenverband, nachmals Verband deutscher Schriftsteller. Austritt 2005. Wahl in den PEN-Club 1973.
Zog 1990 an den Bodensee. Zusammen mit der Dichterin Zsuzsanna Gahse 1992 Initiation der Meersburger Autorenrunde.
2004 Umzug nach Kleinkissendorf.
Literarische Arbeitsbereiche: Lyrik, Prosa, Hörspiel. Anthologien. Übersetzung aus dem Lettischen. Literatur- und kulturkritische Arbeiten für Presse und Rundfunk.
Zwei Auslandsreisestipendien, zwei Literaturpreise.
Letzte Veröffentlichungen: „Die Ankunft des Frühlings" Gedichte. (2004).
„In den Gedächtnisfächern. Frühe Gedichte 1961 – 1977". (2006).

→ SEITE 117

Mancher hat natürlich schon versucht, von hier wegzukommen. Ich halte das immer noch für möglich. Aber will einer aus Oberschwaben in die größeren Städte fliehen, Stuttgart oder München vielleicht, so könnte er auch gleich nach Australien auswandern.

PETER RENZ, geboren 1946 in Weingarten (Oberschwaben), Lehre als Maschinenschlosser, PH-Studium zum Lehramt; danach Studium der Literaturwissenschaft, Linguistik und Politologie, 1978 M.A., danach Assistent für allgemeine Sprachwissenschaft an der Universität Konstanz bis 1983.
Seither freier Schriftsteller und Lektor in Waldburg. Seit 2010 Leiter des Master-Studiengangs Literarisches Schreiben an der IB-Hochschule Berlin / Stuttgart
Mehrere Auszeichnungen, darunter der Bodensee-Literaturpreis.
Publikationen u.a.:
Vorläufige Beruhigung, Roman, 1980; Die Glückshaut, Roman, 1982 (beide Hoffmann & Campe); zuletzt: Friedrichshafen – Eine deutsche Stadt am See, Klöpfer&Meyer, 2008. Herausgeber zahlreicher Anthologien (u.a.: Dichterlesung. Der Kampf des Autors mit dem Publikum, 1988; Der Ravensburger Kreis – Eine literarische Gesellschaft in Deutschland, 1999; zuletzt: (Hrsg., zus. mit Elmar L. Kuhn) Geschichten aus Oberschwaben. Ein literarisches Lesebuch, Klöpfer&Meyer Verlag, Tübingen 2009). Außerdem zahlreiche Erzählungen und Essays, Funk-Beiträge und Drehbücher für Film und Fernsehen.
P. Renz ist Mitglied im Verband deutscher Schriftsteller und im P.E.N.

Genau hinsehen kann man nur dort, wo man sich befindet: Vor dem Fernseher, irgendwo in Konstanz, irgendwo am Bodensee.

Ich kann mit meinem Konzept und meinem Lebensmittelpunkt kein aktuelles Berlingedicht schreiben, kein Wannseegedicht. Ich wollte nie eine schöne Heimat besingen, ich hatte einfach nur das Material zur Verfügung, das ich hier vorfand und von dem ich auch keineswegs nur das Schöne verwendet habe.

Foto: Peter Müller-Neff

PETER SALOMON, geboren 1947, verbrachte seine Kindheit und Jugend in Berlin, studierte Rechtswissenschaften und Literatur in München und Freiburg im Breisgau. Er lebt als Autor, Herausgeber der Buchreihe „Replik. Autorenporträts aus dem Abseits der Moderne" und „Literaturdetektiv" in Konstanz. Er war Mitbegründer der Literaturzeitschrift UNIVERS (1974–1981).
Zahlreiche Buchveröffentlichungen. Salomon ist Mitglied im P.E.N.-Zentrum Deutschland.
Zuletzt erschienen: „Kleine Pannenhilfe für Schöngeister. Gesammelte und neue Gedichte 1968–2004" (2005) und „Autobiographische Fußnoten", 2009; beide Edition Isele.

Die Geschichte der Menschheit lässt sich durch die Geschichte des Shopping erzählen

PHILIPP SCHÖNTHALER, geboren 1976 in Stuttgart. Studium der Literaturwissenschaft und Kunst in Vancouver und Brighton. 2010 Promotion an der Universität Konstanz. Veröffentlichungen in einigen Literaturzeitschriften, u.a. manuskripte, Allmende, BELLA triste. 2012 wird ein Erzählband bei Matthes & Seitz erscheinen.

→ SEITE 135

CLAUDIA SCHERER, geboren 1954 in Wangen im Allgäu in einer Kaufmannsfamilie als 5. von 6 Kindern, 3 Buben, 3 Mädchen, lernte ich schnell die Maximen der väterlichen Erziehung kennen: Guter Geschmack und der rechte Glaube. Für den guten Geschmack standen die Möbel in unserer Wohnung, unserem Haus, alles solide Schreinerarbeit. Oft hörte ich den Vater sagen, wir besäßen Möbel vom Schreiner Wachter aus Neukirch und das wäre etwas ganz Besonderes.

Als ich Jahrzehnte später, nach Buchhändlerjahren in Ravensburg und Stuttgart, einem Lehrerstudium in Reutlingen, Praktikum in Lyon, 12 Jahren in Berlin, teils angestellt als Fotoredakteurin der Berliner Tageszeitung „die taz", 1993 wieder zurückkehrte nach Wangen, sah ich die ersten Plastiken des Bildhauers Rudolf Wachter, der sich so ganz von seiner Schreiner-Herkunft gelöst hatte und doch wieder in Holz arbeitete. Elektrisiert war ich, als mein Bruder, der Bildhauer Reinhard Scherer, mich und meinen ältesten Bruder Wolfgang, Kaufmann und Maler, 2005 mitnahm zur Eröffnung des Museums Rudolf Wachter im Neuen Schloss Kißlegg. Am selben Tag entstand ein erstes Gedicht für ihn, angeregt auch von den Gedichten Paul Wührs für Wachter, die an den Wänden der Ausstellung zu lesen sind.

2009 erschien mein Gedichtband „zungenfüßler", der das Gedicht für Wachter enthält, ich schickte ihm ein Exemplar des Buches mit Widmung. Ein erfreuter Brief kam zurück, mein Gedicht wäre ein „Volltreffer", und die Einladung nach München, wo Wachter lebte. Auf der Fahrt dorthin im Zug entstanden weitere Gedichte, die Begegnung mit ihm und seiner Frau Ursula Wachter war eindrücklich, die Nacht, im Atelier schlafend verbracht, ein Geschenk. Weitere Gedichte entstanden nach einem zweiten Besuch, bei einem letzten Wiedersehen kurz vor Wachters Tod am 16.6.2011 gelang es mir noch, Aufzeichnungen über seine Kindheit fürs Bodenseejahrbuch 2011 festzuhalten.

Veröffentlichungen siehe www.claudia-scherer.de

→ SEITE 140

„Eines Tages zog meine Mutter die Tapete mit den Tieren von der Wand des Wohnzimmers. Tiger und Löwen, Hirsche und Hasen, Rehe und Füchse fielen in Streifen zu Boden. Das Kindertierleben und Tierkinderleben war zu Ende. Fast. Noch schlich ich mich heimlich in den Tierpark, ab und zu, wenn niemand in der Nähe war. Ich schlängelte mich durch das Drehkreuz am Ausgang und lief – atemlos vor Aufregung – an den Gehegen entlang. Da standen sie und wendeten mir langsam ihre Köpfe zu, die Ochsen und Esel, die Lamas und Ziegen. Im Winter dampften ihre warmen Körper in der Kälte. Sie sahen mich an, und ich sah sie an. Sie waren wie ich, ich war wie sie…"

KATRIN SEGLITZ geboren 1960 in München, Studium der Germanistik, Kunstgeschichte und Philosophie in München, Paris und Tübingen. Titel der Magisterarbeit: „Widerstand gegen die Entzauberung der Welt. Sagen von Anna Seghers." Ab 1989 Veröffentlichung von Erzählungen. Lebt seit 1994 in Ravensburg, schreibt für die Schwäbische Zeitung, unterrichtet an der Volkshochschule, leitet eine Textwerkstatt, ist Mitglied der Meersburger Autorenrunde.
Veröffentlichungen: „Hochzeitstage im Juli" im Radius-Verlag, 1990. „Liberté im sechsten Stock" in: DAS PLATEAU 1991. „Ein Hirtenlied" in: „Schreibschule", Hrsg. Walter Jens, Fischer-Collection 1992. „Der Schatten des Häuptlings", Fragmente 1999. „Alles plus eine Tomate", de scriptum 2000. „T zum Beispiel" in: „Landmarken, Seezeichen", 2001. „Der Himmel ist eine Katze" in: „Mittendrin – berauscht von dir" dtv 2002. „De hemel is een kat" in: „Als een god in Parijs", Utrecht, 2003. „blind" Literaturperformance, Rottweil, 2004. „Der Igel", Landratsamt Ravensburg 2005. „Der Bienenkönig", Roman, weissbooks 2009. „Grillen", allmende, 2009. „Die rote Kappe", Erzählung, SWR2, gesendet am 3.10.2009. „Eine Sommerreise in den Osten Deutschlands", Literarischer Essay, LSE London, November 2009. 1991/92 Stipendium vom Deutschen Literaturfonds in Darmstadt, 2005 Förderpreis des Kulturamts in Friedrichshafen, 2009/10 Arbeitsstipendium vom Land Baden-Württemberg.

ANGELIKA STARK geboren 1956, ledig, keine Kinder, Studium der Sozialpädagogik und selbstständige Unternehmerin im Bereich Produktdesign, veröffentlichte 1985 mit Hilfe ihres Mentors Hermann Kinder „Liebe über Leichen" bei Suhrkamp als Taschenbuch. Der kleine Band fand einige Beachtung, die Auflage von 7000 Exemplaren war nach einem halben Jahr vergriffen und führte zu einer Einladung zur Ingeborg Bachmann Tagung in Klagenfurt, die damals noch von Herrn Reich Ranicki beherrscht wurde. Mit der ihm eigenen Wut über Unzulängliches schäumte er denn auch los: an diesem Text gefällt mir nichts, aber auch gar nichts – aber! – wer einen Tod beschreiben kann, der kann schreiben!

Was gibt es noch zu sagen?
Beispielsweise mein Grinsen, meine Freude,
meine Überheblichkeit. Nun ja.
Man könnte noch viel sagen, doch nie wird alles,
wird das Eigentliche gesagt sein.

MARTIN STOCKBURGER, geboren 1960 in St. Georgen, lebt nach Studium als Angestellter und Autor in Konstanz. Mitglied von VS, Forum Allmende und IBC. Neben Beiträgen in Literaturzeitschriften und Anthologien veröffentlichte er die Erzählung „Die griechische Reise" (1998) und die Romane „Der Student am See" (2000), „Das Jahr des Autors" (2003) und „Das notierte Leben" (2010).

Mein Blick auf den See,
auf die Lichterkette, die seine Ufer einfasst,
diese immer von neuem erwartete
Antwort auf Finsternis.

MONIKA TAUBITZ
Am 2. September 1937 in Breslau geboren, 1946 aus Eisersdorf in der Grafschaft Glatz vertrieben. 5 Jahre in Nordenham an der Wesermündung. 1951 Umsiedlung ins Allgäu. Pädagogikstudium in Weingarten. Lehrerin an Grund- und Hauptschulen, ab 1965 in Meersburg am Bodensee.
Als Schriftstellerin Mitglied in mehreren kulturellen Vereinigungen. Von 1996 bis 2011 Vorsitzende des „Wangener Kreises Gesellschaft für Literatur und Kunst: Der Osten".
Mehrere Auszeichnungen, darunter der Eichendorff-Literaturpreis. Herausgebertätigkeit.
Autorin zahlreicher Bücher, Gedichtbände, Romane, Erzählungen, Sachbücher, darunter zweisprachige (deutsch und polnisch), sowie ins Polnische übersetzte. Z.B. „Ein Land gab mir sein Wort" (2007), „Durch Lücken im Zaun – Eine Kindheit zwischen 1944 und 1946" (2006). „Vor unsichtbaren Ufern" (2009).
Aber auch Bodensee, Allgäu und Oberschwaben haben im Werk von Monika Taubitz bleibende Spuren hinterlassen, z.B. mit „Dort geht Katharina oder Gesang im Feuerofen" (Sigmaringen, 1984).
Zuletzt erschien von ihr der Roman „Winteralbum".

→ SEITE 169

Glaubt hier jemand, er kenne den See? Ha!
Droben die Meeresburg. Schaut auf das
Ungarische Meer, wie wir Magyaren den
Plattensee nennen. Ha! Und die Wanderer
des frühen Tages. Am Ufer des Balaton. Sie
liefen zum Dichterhaus, verborgen im
Wäldchen, ein Domizil ungarischer
Schriftsteller. Am Plattensee in Szigliget.
Nehmt ihr mich mit?

IMRE TÖRÖK

Bundesvorsitzender des Verbands deutscher Schriftsteller (VS) seit 2005, gebürtiger Ungar, kam als jugendlicher Flüchtling nach Deutschland. Nach Erlernen der deutschen Sprache und Schulabschluß Studium der Germanistik, Geschichte und Philosophie in Tübingen, Schüler von Ernst Bloch. Stationen: Dozenturen in der Erwachsenenbildung und für kreatives Schreiben, Ghostwriter, Journalist, Leiter eines städtischen Theaters.

Freiberuflicher Schriftsteller und Übersetzer. Zahlreiche Buchveröffentlichungen: Romane, Kurzgeschichten, Essays, Märchen, poetische Prosa, Sachbücher.

Mitarbeit am Kinofilm „Sophie Scholl – Die letzten Tage" (nominiert für den Oscar 2006)

Aktuelle Publikationen:
Insel der Elefanten (Roman), POP Verlag
Akazienskizze (Geschichten, Phantasieflüge), POP Verlag
Historische Cafés in Europa (mit Adonis Malamos, Fotos), Edition Panorama
Licht in Stein, Edition Wuz, www.edition-wuz.de
Vom Biss in den Apfel, Internet Editionen, www.internet-editionen.de
Bridges Panorama (mit Karl Lang, Fotos), Edition Panorama, Mannheim
www.imre-toeroek.de

→ SEITE 177

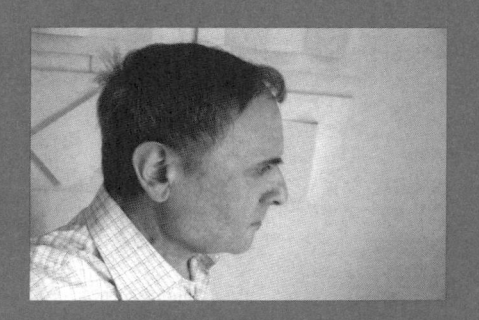

ANTONIO TIMPANO ist 1949 in Italien geboren. 1965 emigrierte er als Saisonarbeiter nach Deutschland. Er lebt seit 1971 in Markdorf.
Die Tatsache, dass jeder Mensch sich jeden Tag zur Arbeit begibt und die Notwendigkeit, das tägliche Brot zu erwerben, hat jeder mit jedem gemeinsam. Aus diesem Grund kommt niemand auf den Gedanken, danach zu fragen, warum einer arbeitet.
Sobald jemand, der kein Schriftsteller ist, schreibt oder sobald einer, der kein Maler ist, malt oder auch nur versucht, auf die eine oder andere Art jene Umstände anzustreben, die über die materiellen Bedürfnisse hinausgehen, stößt man auf jemanden, der fragt: Warum schreibst du? Warum malst du?
1996 nahm Antonio Timpano an dem vom Süddeutschen Rundfunk veranstalteten literarischen Wettbewerb „40 Jahre Gastarbeiter - Deutschland auf dem Weg zur multikulturellen Gesellschaft?" teil. Nach dem Erwerb des ersten Preises für einen Auszug aus seinem Buch „Beunruhigung am Bodensee" wird er mit ebendieser Frage konfrontiert: „Warum schreiben Sie?"
Gegenüber dieser Frage befand er sich in einer ähnlichen Situation wie der Heilige Augustin, der, als er sich über die Zeit Gedanken machte, wie bekannt zu folgendem Schluss kam: Wenn keiner mich fragt, weiß ich es, wenn ich es einem, der mich fragt, erklären wollte, weiß ich es nicht.
Antonio, nachdem er eine Weile nach einer Erklärung gesucht hatte und von dem Zwang gequält, Auskunft geben zu müssen, weshalb er schreibt, antwortete: „Für mich ist Schreiben eine Befreiung". Als er danach über seine Antwort nachdachte, wurde ihm bewusst, dass ihm der Instinkt geholfen hatte, den richtigen Weg einzuschlagen, zu ergründen, warum er seit langem schreibt.
Für ihn ist Schreiben der Augenblick und der Ort, wo der Lauf seines Lebens stehen bleibt und wo er mit allen Kräften versucht, sich von all dem zu befreien, was sich in seinem Herzen über die Zeit seines Lebens angesammelt hat, Tag um Tag, bis er zu ersticken glaubt. Und selbst wenn er nach dem Versuch sich zu befreien, zugeben müsste, es nicht geschafft zu haben, wird er sich zumindest nicht vorwerfen müssen, es unversucht gelassen zu haben, seinen inneren Frieden zu erlangen.

→ SEITE 182

MARIAN (Marianne) **ULRICH**, geb. 1939 in Zürich.
In der letzten Anthologie der Meersburger Autoren waren es Texte aus dem Krieg, den ich als Hilfswerksvertreterin bei der Caritas miterlebte. Diesmal sind es Texte aus dem Frieden, den ich im Haus am See meiner Ahnen täglich erlebe. 1999 bin ich in dieser heilen Welt angekommen, habe das Tempo meines Lebens verlangsamt und erlebe täglich neue Überraschungen beim bedächtigeren und genaueren Betrachten meiner Umgebung. Keinen Stress mehr, habe ich mir geschworen, dafür noch mehr Ruhe zum Lesen. Gesunde Ernährung, genügend Schlaf und jeden Tag Zeit für Unerwartetes einplanen. Meine Freundschaften pflegen, meinen Garten und meine Haustiere hegen. Jeden neuen Tag als Geschenk des Lebens genießen. Dies sind meine aktuellen Daten. Der Rest ist unter www.a-d-s.ch (siehe Marianne Ulrich) abrufbar.

„Merkwürdige Leute, diese Schriftsteller!
Merkwürdig, nicht wahr, und auch irgendwie erheiternd,
weil sie, trotz aller Merkwürdigkeiten, die ihnen anhaften,
immer noch das hervorbringen, was sie sollen:
Literatur."

RAINER WOCHELE geboren 1943 in Brünn.
Studium der Theaterwissenschaft, Philosophie und Psychologie. Lebt und arbeitet als freier Schriftsteller in Stuttgart. Mitglied im P.E.N., im VS Baden-Württemberg, in der Autorenvereinigung „Die Kogge". Ausgezeichnet u.a. mit dem Thaddäus Troll-Preis und dem dritten Preis beim „Irseer Pegasus". Erster „Stadtschreiber" von Rottweil. Zuletzt sind erschienen: „Das Mädchen, der Minister, das Wildschwein", Roman, 2001. „Der Flieger", Novelle, 2004. „Der General und der Clown", 2008. Alle Klöpfer & Meyer Verlag, Tübingen.

→ SEITE 194

Der Kapitalismus ist bankrott

HANSPETER WIELAND
1948 in Radolfzell am Bodensee geboren. Schriftsteller.

→ SEITE 200

Nausea und kaum noch vermeidbaren Ohnmachten.

Bef.
Aussichtslos, die Welt auf dich zu dressieren, also dressier dich, unser Sprüchemacher, wenn er sich missachtet, unterschätzt, untergangen, ungerecht behandelt fühlt, versucht er nicht mehr, dem jeweiligen Exekutor zu widersprechen und der Welt ein besseres Urteil über sich aufzuzwingen; er registriert jede sogenannte Ungerechtigkeit und jede sogenannte falsche Einschätzung seiner Person, richtet sich danach, das heißt, er versucht den Unterschied zwischen seiner Selbsteinschätzung und den Einschätzungen der anderen dadurch zu annullieren, dass er sich die Urteile der Welt und Umwelt über sich zu eigen macht und ernsthaft versucht, sich selber als so belanglos zu empfinden, wie ihn die anderen empfinden. Das ist, betreibt man es ernsthaft, sehr schwer. Lässt man nur eine Sekunde nach in der Verminderungsarbeit, hält man sich natürlich sofort wieder für den Erlöser.

JOHANNA WALSER: aufgewachsen am Bodensee. Literaturstudium. Lebt heute als Schriftstellerin und Übersetzerin in Überlingen.

Zuallererst haben dich-
ter an ihrer dichtung t-
ost den sie nötig habe-
grad sowie alles leben-
ig in den zeitläuften i-
hr bedichten ihr erzäh-
en warum würden sie e-
s sonst tun Um zu lebe-
Ja aber das meinte s nic-
ht so sehr materiell Vie-
lleicht dass sie etwas w-
eiter sehen einen weite-
ren blick haben weil si-
e vielleicht im ganzen im-
mer bruchlinien werd-
en sehen und in den sch-
erben das ganze aber au-
ch Und vielleicht da h-
er immer dieser erwarte-
nde dessen was komm-

Inhalt

EDITORIAL 5

FELICITAS ANDRESEN 9 214
PETER BLICKLE 16 215
MANFRED BOSCH 20 216
OSWALD BURGER 22 217
VOLKER DEMUTH 27 218
BRUNO EPPLE 34 219
ZSUZSANNA GAHSE 39 220
OLIVER GASSNER 42 221
JOCHEN GREVEN 44 222
HIPPE HABASCH 52 223
SIBYLLE HOFFMANN 57 224
CONSTANCE HOTZ 61 225
RENATE IGEL-SCHWEIZER 65 226
BJÖRN KERN 71 227
JOCHEN KELTER 73 228
CHRISTA KNELLWOLF KING 79 229
STEFANIE KEMPER 87 230
ERNST KÖHLER 89 231
ELEONORE KOKMOTOU 91 232
THOMAS KUPHAL 96 233
ULRIKE LÄNGLE 99 234
CHRISTA LUDWIG 103 235
NINA NEUMANN 111 236
WALTER NEUMANN 117 237
PETER RENZ 122 238
PETER SALOMON 130 239
PHILIPP SCHÖNTHALER 135 240
CLAUDIA SCHERER 140 241
KATRIN SEGLITZ 143 242
ANGELIKA STARK 150 243
MARTIN STOCKBURGER 161 244
MONIKA TAUBITZ 169 245
IMRE TÖRÖK 177 246
ANTONIO TIMPANO 182 247
MARIAN ULRICH 188 248
RAINER WOCHELE 194 249
HANSPETER WIELAND 200 250
JOHANNA WALSER 209 251

Wir danken

OEW
Oberschwäbische Elektrizitätswerke

LITERATURSTIFTUNG OBERSCHWABEN

Kunst- und Kulturstiftung des Bodenseekreises

KONSTANZ
Die Stadt zum See
Kulturbüro

FORUM ALLMENDE FÜR LITERATUR

für ihre finanzielle Unterstützung, ohne die die Anthologie hätte nicht erscheinen können.

Darüber hinaus bedanken wir uns bei allen, die uns mit Rat und Tat geholfen haben.

Impressum

© 2011 edition mauerläufer
im TURM-VERLAG Vinzenz Naeßl-Doms
Schlossplatz 10, 88709 Meersburg
ISBN 978-3-929874-10-5

Die Rechte der einzelnen Beiträge liegen, wenn
nicht anders vermerkt, bei den Autoren.
Die Fotos stammen aus dem Privatbesitz der Autoren. Ausnahmen sind als solche gekennzeichnet.
Die Zitate auf den Porträtseiten entstammen
teilweise Werken der jeweiligen Autoren oder deren
Besprechungen. Soweit dabei Rechte berührt
werden, danken wir den Verlagen.

Gestaltung und Satz:
Eva Hocke, MüllerHocke, Bad Saulgau

Druck und Herstellung:
Kösel GmbH & Co. KG, Altusried-Krugzell